Tiffany
Materialien, Techniken, Motive

Michael Krämer

Tiffany

Materialien
Techniken
Motive

ENGLISCH VERLAG

CIP-Titelaufnahme der Deutschen Bibliothek

Krämer, Michael:
Tiffany – Materialien, Techniken, Motive/Michael Krämer. –
Wiesbaden: Englisch, 1990

ISBN 3-8241-0393-1

Umschlag- und Innengestaltung A. Ruers.
Umschlagphoto R. Berg.

Printed in Germany.

Inhaltsverzeichnis

Vorwort

Der Engländer Louis Comfort Tiffany (1848–1933) zeigte sich bereits in jungen Jahren sehr kunstinteressiert. Anders als viele andere Künstler seiner Zeit hatte er das Glück, aufgrund des Vermögens seiner Eltern finanziell unabhängig zu sein. Daher hatte er die Möglichkeit, immer wieder in neuen Bereichen der Kunst und des Kunsthandwerkes zu experimentieren.

Zurückgekehrt von einer Reise durch Europa, in deren Verlauf er von den Glasfenstern der großen europäischen Kathedralen inspiriert worden war, versuchte er sich im Bereich der kunsthandwerklichen Glasverarbeitung. Doch schnell stellte er fest, daß bereits viele der alten Techniken der Glasherstellung und -verarbeitung verlorengegangen waren. Das in jenen Tagen hergestellte Buntglas konnte es in seiner Farbintensität und Leuchtkraft nicht mit den in früheren Jahrhunderten gefertigten Gläsern aufnehmen. So baute Tiffany eigene Glashütten auf, in denen er auf diesem Gebiet nach seinen eigenen Vorstellungen experimentierren konnte. Schon bald wurden nach seinen Rezepten und Verfahren wieder Gläser von solcher Schönheit hergestellt, wie er sie auf seinen Reisen kennengelernt hatte.

Als er dann später die Kupferfolientechnik entwickelte, bereicherte er damit dieses Kunsthandwerk um ein Verfahren, das es erstmals ermöglichte, auch sehr kleine Glasteile in die Glasarbeiten mit einzubeziehen. Konnten bis dahin aufgrund der Verwendung breiter Bleistege zur Verbindung der Glasteile nur recht große Glasstücke verarbeitet werden, so entstanden nun durch das Einfassen von kleinen und kleinsten Glasteilen in eine dünne Kupferfolie filigrane Kunstwerke von unvergleichlicher Schönheit. Bedingt durch die Möglichkeiten dieser neuen Technik, erlebte dieser Kunsthandwerkszweig in den folgenden Jahrzehnten eine neue Blütezeit.

Das vorliegende Buch soll Ihnen den Einstieg in dieses Kunsthandwerk und faszinierende Hobby ermöglichen. Leider vermitteln viele Anleitungsbücher dem Anfänger den Eindruck, als sei nicht mehr als etwas Begeisterung notwendig, um hervorragende Tiffany-Arbeiten anzufertigen. Es gehört aber doch schon eine ganze Menge Erfahrung und Übung dazu, wirklich meisterhafte Arbeiten in Glas herzustellen, die dann allerdings über den großen ideellen Wert hinaus auch noch einen hohen materiellen Wert besitzen können. Da das Tiffany-Hobby den Bastler erfahrungsgemäß viele Jahre, wenn nicht ein ganzes Leben lang fesselt, stellen viele Hobbyisten heute beeindruckende kunsthandwerkliche Arbeiten her.

Ich möchte Sie als Anfänger in diesem Buch in kleinen Lektionen mit den Grundlagen der Tiffany-Technik vertraut machen. Mehr als die Geschwindigkeit, mit der Sie sich dem Bau großer und komplizierter Arbeiten nähern, ist von Bedeutung, daß Sie auch etwas über die Gründe erfahren, warum jenes so und nicht anders getan werden sollte.

Aus diesem Grunde werden Sie die Fertigungstechniken in diesem Buch Schritt für Schritt kennenlernen. Lassen Sie sich bei Ihrem Hobby Zeit und versuchen Sie nicht, zu frühzeitig die Arbeitsgeschwindigkeit zu erhöhen. Ob ein Bastler die Tiffany-Technik beherrscht, zeigt sich schließlich nicht daran, wie schnell, sondern wie exakt er seine Arbeiten ausführt.

Da Mißerfolge schnell die Freude trüben können, werden wir uns zu Anfang mit einfachen Motiven beschäftigen, die sehr leicht nachzuarbeiten sind. Später werden dann attraktivere und kompliziertere Stücke folgen. Der heute üblich gewordene Weg, immer mehr Halbfertigwaren wie beispielsweise fertige Motivvorlagen und Glasschnittmuster zu verwenden, obwohl Sie diese Teile auch leicht selbst herstellen können, erscheint auf Dauer nicht erstrebenswert. Sie haben dann zwar die Gewißheit, daß die einzelnen Teile genau und geschmackvoll zueinander passen, bei späteren Arbeiten wird es Ihnen dann aber recht schwer fallen, eigene Entwürfe herzustellen. Da Sie dann jedoch darauf angewiesen wären, immer nur Vorhandenes zu kopieren, würde auch dieses Hobby schnell seinen Reiz verlieren.

Ein Hobby kann erst dann zu einer auf Dauer befriedigenden Freizeitbeschäftigung werden, wenn es das Ausleben der eigenen Kreativität ermöglicht. Ich möchte Sie daher schon jetzt dazu anregen, nach jedem Kapitel dieses Buches Ihre eigene Phantasie spielen zu lassen und die vorgeschlagenen Bauanleitungen nach Ihren eigenen Vorstellungen abzuwandeln. Auf den hinteren Seiten des Buches finden Sie noch eine große Zahl von Abbildungen, die Ihnen sicherlich als Anregung für den Entwurf eigener, attraktiver Motive dienen können.

Die vielfältigen Aspekte der Tiffany-Technik lassen sich in verständlicher und ausführlicher Form nicht innerhalb eines einzigen Buches aufzeigen. Daher stellt das vorliegende Buch das erste innerhalb einer Reihe dar, das sich mit den Arbeitstechniken in der Tiffany-Arbeit und ihren Anwendungsgebieten umfassend beschäftigen wird. Jeder der folgenden Bände wird auf dem im vorhergehenden Band vermittelten Kenntnissen aufbauen und sich ausführlich mit einem einzelnen Themenkreis beschäftigen. Zur Zeit sind folgende weitere Themenkreise vorgesehen:

- Edler Schmuck aus Glas
- Gewächshäuser und Blumenampeln
- Leuchtende Fensterbilder
- Wandspiegel und Gebrauchsgegenstände aus Glas
- Lampen
- Tips und Tricks für Fortgeschrittene

Und nun wünsche ich Ihnen für Ihr fesselndes Hobby erfolgreiches Arbeiten und viel Freude an Ihren ersten eigenen Tiffany-Stücken.

Michael Krämer

Das Glas

Glas ist ein in mancher Hinsicht außergewöhnliches Material. Kaum ein anderer Werkstoff zeichnet sich durch eine ähnlich große Härte, Beständigkeit und Schönheit aus. Die Anfänge der Glasherstellung lassen sich aufgrund archäologischer Funde bis auf etwa 4000 v. Chr. zurückverfolgen. Trotz dieser frühen Anfänge der Glasherstellung ist das Glas dennoch keine Erfindung des Menschen. In mannigfacher Gestalt kommen Gläser und glasartige Verbindungen hauptsächlich in Form vulkanischer Gesteine auch in der Natur vor. In früheren Jahrhunderten als Kostbarkeit gehandelt, umgibt uns Glas heute in vielen Bereichen des täglichen Lebens. Dennoch sind die Ursachen der herausragenden und erstaunlichen Eigenschaften dieses Werkstoffes den meisten Menschen unbekannt. Wer jedoch häufig mit Glas arbeitet, sollte zumindest ein Grundverständnis von diesem „Material" unbegrenzter Möglichkeiten besitzen.

Faszination der Farben

Trotz der vielen für die unterschiedlichsten Bereiche der Glasverarbeitung entwickelten Glasarten haben alle Gläser eine gewisse Grundrezeptur gemeinsam. Das üblicherweise verwendete Normalglas, wie Sie es von Fensterscheiben oder Flaschen her kennen, wird in der Hauptsache durch das Zusammenschmelzen einer Mischung von Quarzsand, Kalkstein und Soda hergestellt.

Die Färbung der Glasmasse wird durch die Beigabe geringer Mengen verschiedener Metallsalze erreicht. Werden mehrere Metallsalze nach zum Teil streng gehüteten Rezepturen gemeinsam einer Glasschmelze zugesetzt, so lassen sich nahezu alle denkbaren Farbschattierungen erzielen. Derart gefärbte Gläser sind immer durchsichtig. Die farbgebenden Bestandteile sind in der Glasschmelze gelöst und bis auf ihren Farbeffekt hin nicht mehr sichtbar.

Undurchsichtige oder durchscheinende Gläser entstehen durch den Zusatz unlöslicher Partikel oder durch feinste, in der Masse gleichmäßig verteilte Gasblasen. Diese streuen das einfallende Licht, so daß das Glas gleichmäßig von innen heraus zu leuchten scheint. Marmorierte, also ungleichmäßig gefärbte Gläser, lassen sich durch das Mischen unterschiedlich gefärbter Glasschmelzen erzielen.

Eine dritte Form der Farbgestaltung stellt das Metallisieren dar. Die Glasoberfläche wird bei diesem Verfahren in der Regel durch Bedampfen mit einer hauchdünnen Schicht eines Metalloxids versehen. Durch weitere chemische Bearbeitung ist es möglich, daraus eine in allen Regenbogenfarben schillernde Glasoberfläche herzustellen (Abb. rechte Seite).

Vielfalt der Arten

So umfangreich die Möglichkeiten des Einsatzes von Gläsern zur Herstellung von Gebrauchsgütern und technischen oder optischen Geräten sind, so vielfältig ist auch das Angebot der für das Tiffanyhobby angebotenen Buntgläser. In einem gutsortierten Fachgeschäft werden Sie einige Mühe haben, sich für dieses oder jenes Glas zu entscheiden. Lassen Sie sich einfach einmal von den vielen Farben und Strukturen der Glasoberflächen inspirieren. Häufig drängt sich beim Betrachten der Struktur oder der Farbe einer Glasplatte die Idee zu einem Motiv nahezu von selbst auf.
Da Sie bei der Glasauswahl mit einer Reihe von Fachbegriffen konfrontiert werden, möchte ich Ihnen diese kurz erläutern:

Klarglas, Fensterglas
ist ein preiswertes, ungefärbtes Gebrauchsglas, wie es für Fensterscheiben und Flaschen benötigt wird. In geringerem Umfang darf es kleine Einschlüsse und Luftblasen aufweisen. In der Tiffany-Technik findet es jedoch kaum Verwendung;

Kristallglas (unbelegtes Spiegelglas)
ist ein hochwertiges, klares und farbloses Glas, das frei von allen Verunreinigungen ist. Aufgrund der polierten Oberfläche läßt es sich sehr leicht schneiden und ist damit für die Tiffany-Technik sehr gut geeignet;

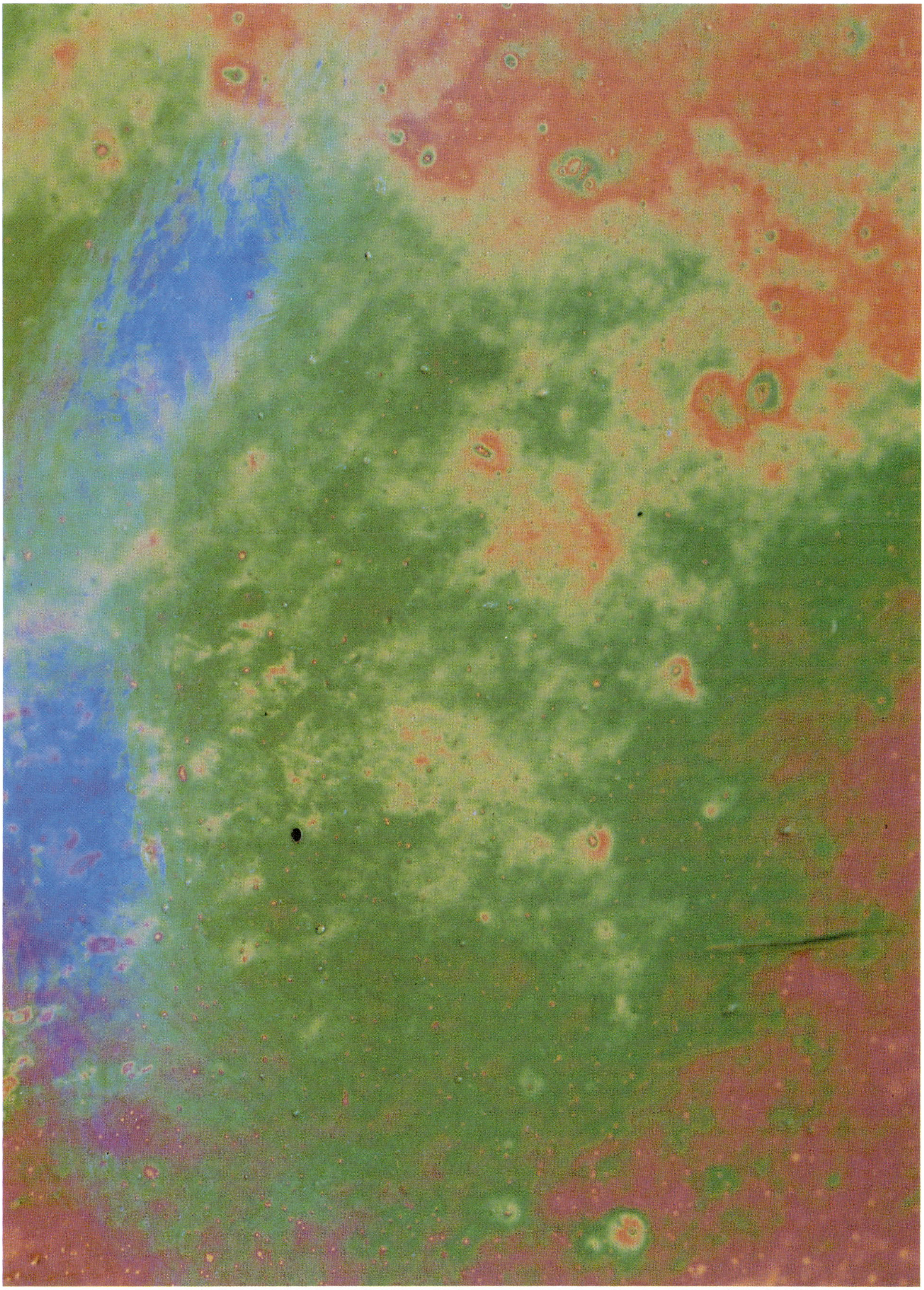

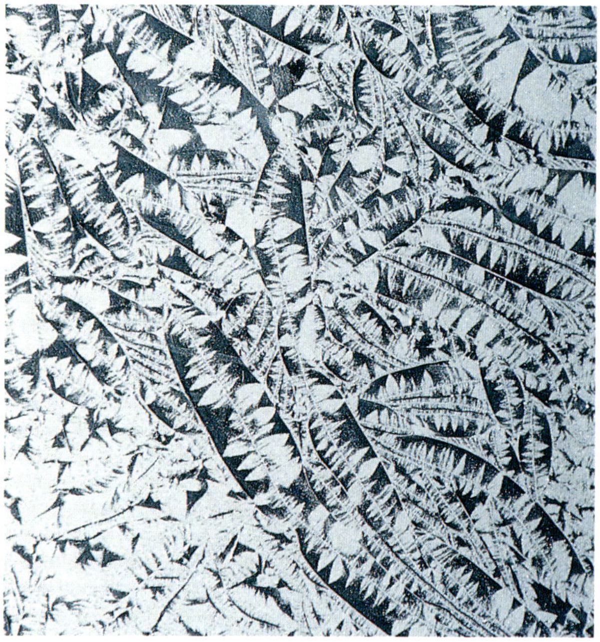

Eisblumenglas kann interessante Akzente setzen.

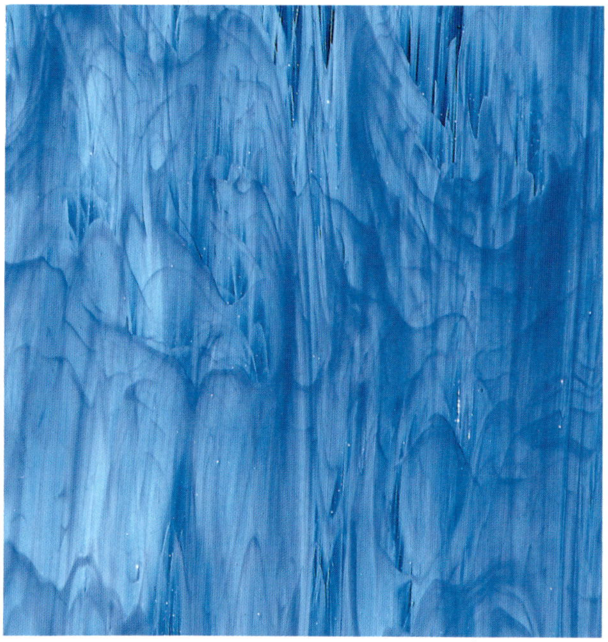

Opalescentglas eignet sich besonders gut zum Lampenbau.

Spiegelglas
ist ein Kristallglas, das auf einer Seite auf chemischem Wege mit einer Silber- oder gelegentlich auch Goldschicht versehen ist;

Bronzespiegelglas
ist eine Unterart des Spiegelglases. Die reflektierende Silberschicht wird auf eine Rauchglasplatte aufgetragen. Der Spiegel erscheint braun bis bronzefarben;

Bunt- oder Farbglas
bezeichnet alle gefärbten Glasarten unabhängig von ihrer Zusammensetzung und Struktur.

Antikglas
ist ein weitgehend lichtdurchlässiges Glas, bei dessen Herstellung die in früheren Zeiten zwangsläufig auftretenden Materialfehler (Schlieren, Blasen) gewollt erzeugt werden. Es wird auch heute noch handgefertigt, ist edel und kostbar (Abb. rechte Seite);

Ornamentglas
Dieses Glas wird während des Abkühlens von Walzen mit einer Oberflächenstruktur versehen;

Kathedralglas
stellt eine Unterart des Ornamentglases dar. Die Oberflächenstruktur wirkt gehämmert;

Eisblumenglas
ist ein spezialbehandeltes Klarglas, dessen Oberfläche die Struktur von Eisblumen besitzt. Geschmackvoll eingesetzt, kann es sehr reizvolle Akzente setzen (Abb. oben links);

Opalescentglas
ist ein mehr (opalescent) oder weniger (opak) stark durchscheinendes Glas. Es gibt einfallendes Licht gleichmäßig gestreut wieder ab. Die meisten Tiffany-Arbeiten werden mit diesem Material ausgeführt (Abb. oben rechts);

Milchglas
ist ein rein weißes Opalescentglas.

Für die Tiffany-Technik werden diese Gläser meist in einer Dicke von ca. 3 mm angeboten. Während maschinell gefertigte Gläser in der Regel von recht gleichmäßiger Dicke sind, weisen handgefertigte und Ornamentgläser häufig große Unterschiede der Materialstärke innerhalb einer Glasplatte auf. Unter Umständen führt dies zu erheblichen Schwierigkeiten bei der Verarbeitung. Daher sollte die Verwendung dieser Gläser dem Fortgeschrittenen vorbehalten bleiben. Andererseits bieten sich die wulstigen Ränder handgefertigter Glastafeln aus der Restekiste für allerlei preiswerte Basteleien an. Da der Materialwert des Glases eher gering ist, orientieren sich die Preise in der Hauptsache an dem Herstellungsaufwand.

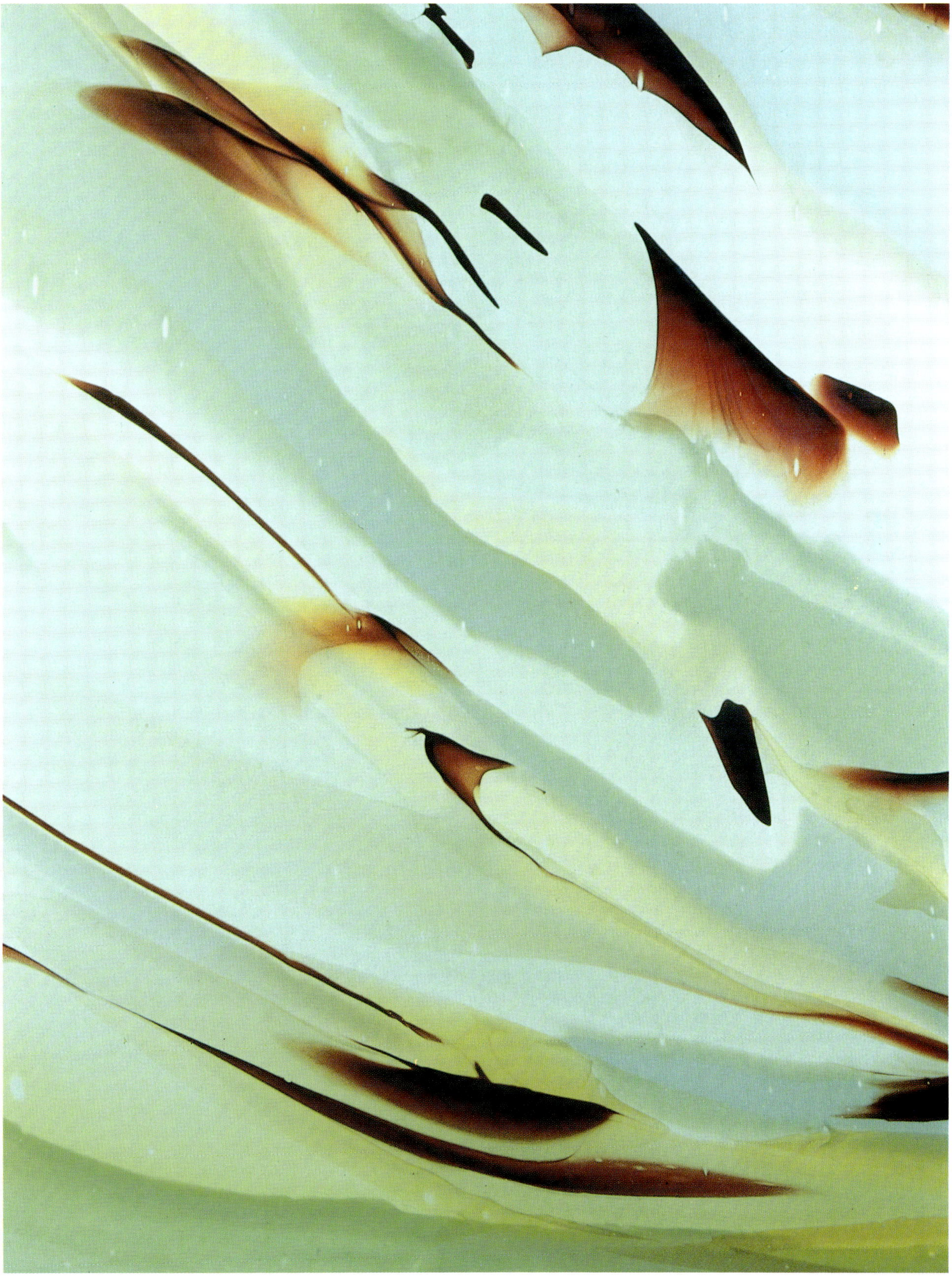

Echtantikglas besticht durch seine große Leuchtkraft.
Hier eine Fischer Echt-Antikglasscheibe.

Wenn Sie das Glas für ein Motiv einkaufen, müssen Sie bei einfachen Motiven mit einem Verschnitt von mindestens 30 Prozent rechnen. Bei sehr komplizierten Formen können es auch einmal 50 Prozent Verschnitt sein. Planen Sie daher genau, wie Sie die Schablonen auf der Glasplatte möglichst platzsparend anordnen können. Da jede Glaspartie etwas anders gefärbt ist, können Sie Glas nicht einfach nachkaufen. Schätzen Sie daher beim Einkauf den Materialbedarf sorgfältig und großzügig ab. Bei besonders wertvollen Arbeiten wird von jedem verarbeiteten Glas ein größeres Stück für später eventuell notwendige Reparaturen aufbewahrt.

Wählen Sie das Glas immer unter den Lichtverhältnissen aus, unter denen es auch in der fertigen Arbeit wirken wird. Viele Gläser zeigen in der Durchsicht eine völlig andere Färbung und Struktur als in der Aufsicht. Bei den irisierenden Gläsern geht der Effekt sogar völlig verloren, sobald Licht durch das Glas fällt.

Glasscheiben werden immer auf einer weichen Unterlage stehend aufbewahrt, damit die empfindliche Oberfläche nicht zerkratzt wird und die Glaskanten nicht absplittern können. Wenn Sie sich intensiv mit diesem Hobby beschäftigen, werden in kurzer Zeit größere Mengen Glasreste anfallen. Diese Glasscherben sollten Sie in jedem Fall aufbewahren, um daraus Schmuck, kleine Fensterbilder oder andere hübsche Mitbringsel basteln zu können. Anregungen hierzu finden Sie in großer Zahl auf den letzten Seiten dieses Buches.

Formen im Jugendstil

Die künstlerische Bewegung, die sich um die Jahrhundertwende in Deutschland der „Jugendstil" nannte, leitet sich von dem Titel der Münchner Kunstzeitschrift „Die Jugend" ab, welche im Jahr 1896 gegründet wurde. Im Französischen „Art nouveau" und im Englischen „Modern style" genannt, stellt der Jugendstil die Abkehr von Prunk und Pomp des 18. Jahrhunderts dar.

Im Jugendstil ist die Natur die Quelle künstlerischer Inspiration. Die hieraus resultierenden Motive wollen jedoch keine Kopie der Natur sein. Vielmehr werden die in der Natur vorkommenden asymmetrisch gewundenen Linien und Formen auf die wesentlichen Konturen reduziert. Dem Auge des Betrachters offenbart sich so schon auf einen flüchtigen Blick hin die ganze Schönheit und Kraft der Natur. Die scheinbar zufällige Komposition von Formen und Farben, von Licht und Schatten, wird zum Spiegelbild einer naturgegebenen Ordnung, die man zwar als schön empfinden, nicht aber verstehen kann.

Der Jugendstil ist mehr als eine Kunstrichtung. Er drückt das Streben der Künstler nach tiefer Verbundenheit mit der Natur aus. So ist es auch zu verstehen, daß diese Kunstrichtung gerade heute wieder stark an Popularität gewinnt. Wenn Sie sich eine Zeitlang mit Jugendstilmotiven beschäftigt haben, wird es Ihnen nicht schwerfallen, eigene Motive zu entwerfen. Besonders als Vorlage geeignet sind rankende Pflanzen, deren windender Wuchs Grundlage für ein ansprechendes ornamentales Muster sein kann. Wenn Sie bei der Konzeption Ihres Motives die nachfolgenden Tips berücksichtigen, wird Sie das erste selbst erstellte und daher einmalige Jugendstilmotiv sicherlich bereits für die Mühe entschädigen.

rechte Seite:
Die Herstellung von Lampen ist ein besonders interessanter Teilbereich in der Tiffany-Technik, der aber auch ein wenig Erfahrung im Umgang mit Glas voraussetzt. Hier eine schlicht gehaltene Jugendstillampe mit einfachem Blütenmotiv. Durch die dezente Farbauswahl gibt das Opalescentglas der Lampe ein sehr warmes Licht ab.

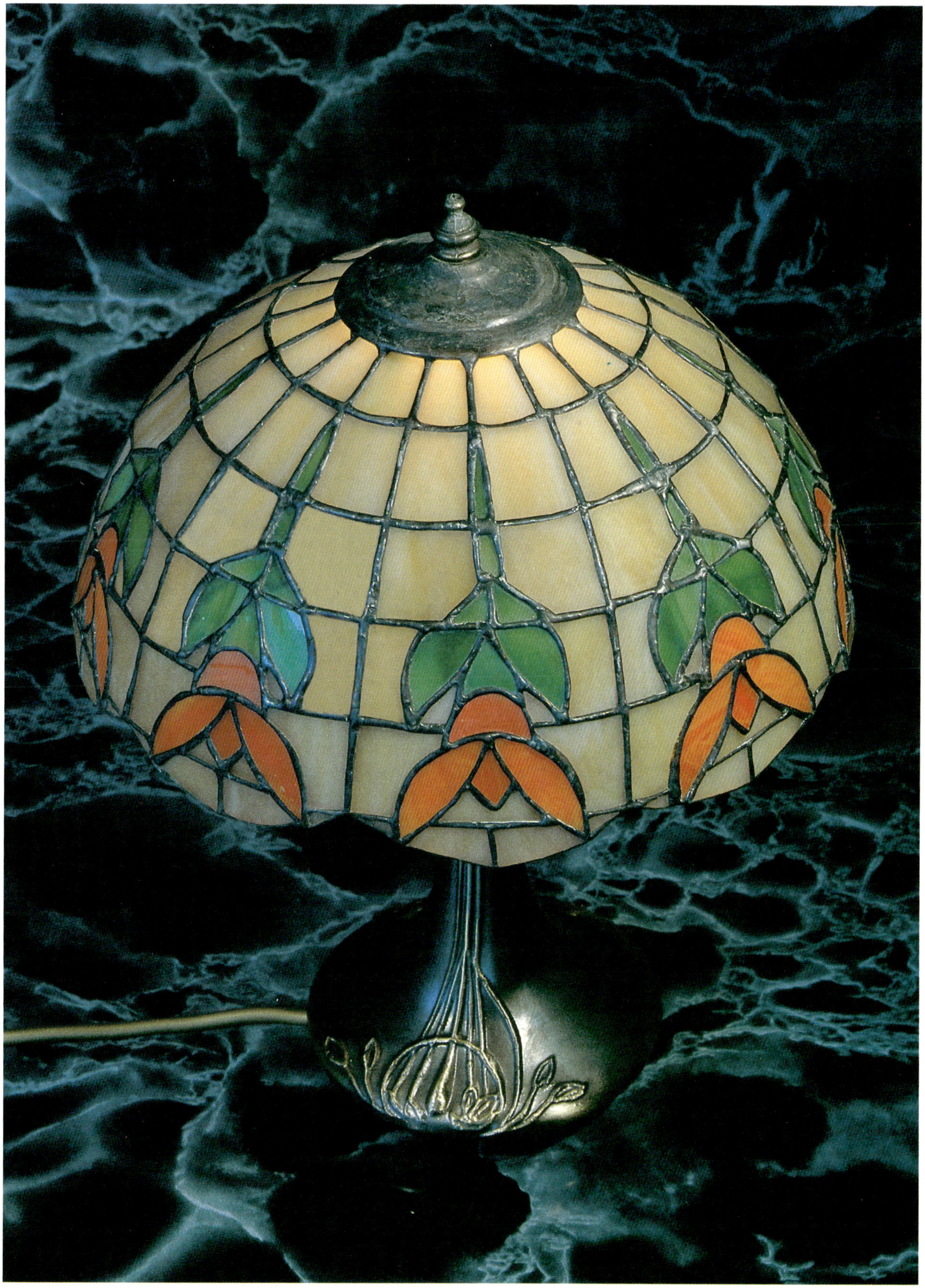

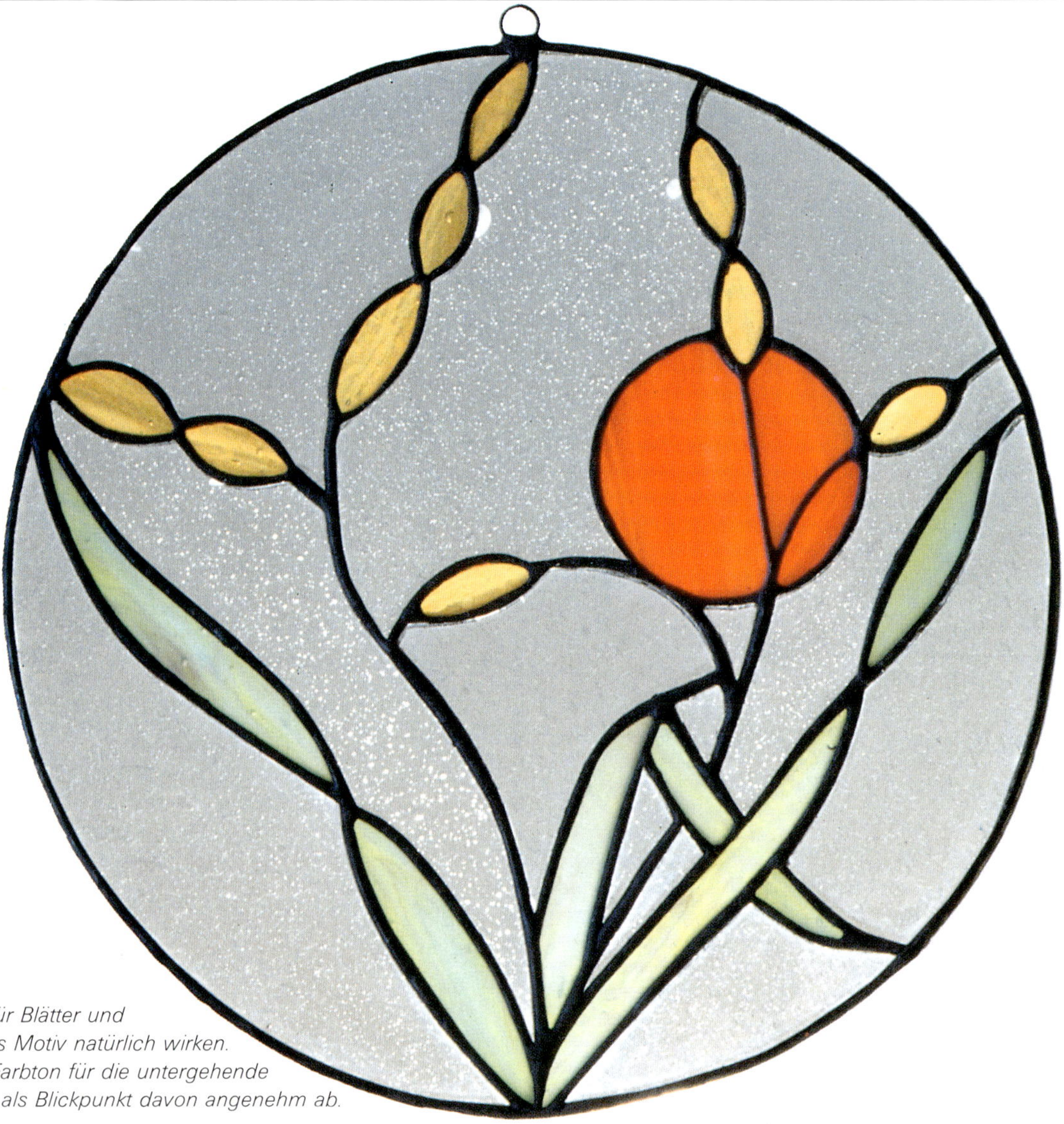

Die Pastelltöne für Blätter und Ähren lassen das Motiv natürlich wirken. Der intensivere Farbton für die untergehende Sonne hebt sich als Blickpunkt davon angenehm ab.

Die Gestaltung

Mit der Zeit werden Sie ein sicheres Gespür dafür bekommen, welche Glasfarben miteinander harmonieren. Über die Farbenlehre, die sich mit den Beziehungen der Farben zueinander beschäftigt, sind ganze Bücher geschrieben worden. Daher kann dieses Thema an dieser Stelle nur angerissen werden. Dennoch können die folgenden Anhaltspunkte sicherlich grobe Fehler in der Farbzusammenstellung vermeiden helfen:

Naturorientierte Motive

Ein häufiger Anfängerfehler bei der Darstellung von Pflanzen, Tieren oder Landschaften ist es, eine Vielzahl kräftiger Farbtöne gemeinsam in einem Motiv zu verwenden. Da sich in der Natur jedoch nur sehr selten reine Farben finden, wirken diese Arbeiten meist im wörtlichen Sinne unnatürlich. Verwenden Sie für naturorientierte Motive daher besser vorwiegend gedeckte Töne, wie sie auch in der Natur vorkommen. Häufig finden sich innerhalb einer Glasplatte gleich mehrere Nuancen einer Farbe. Diese feinen Abstufungen überlegt nebeneinandergesetzt, lassen das Motiv naturgetreu wirken. Kräftige Farben, vereinzelt für die Darstellung beispielsweise von Blütenblättern, oder Vogelfedern eingesetzt, können dann wirksame Akzente setzen.

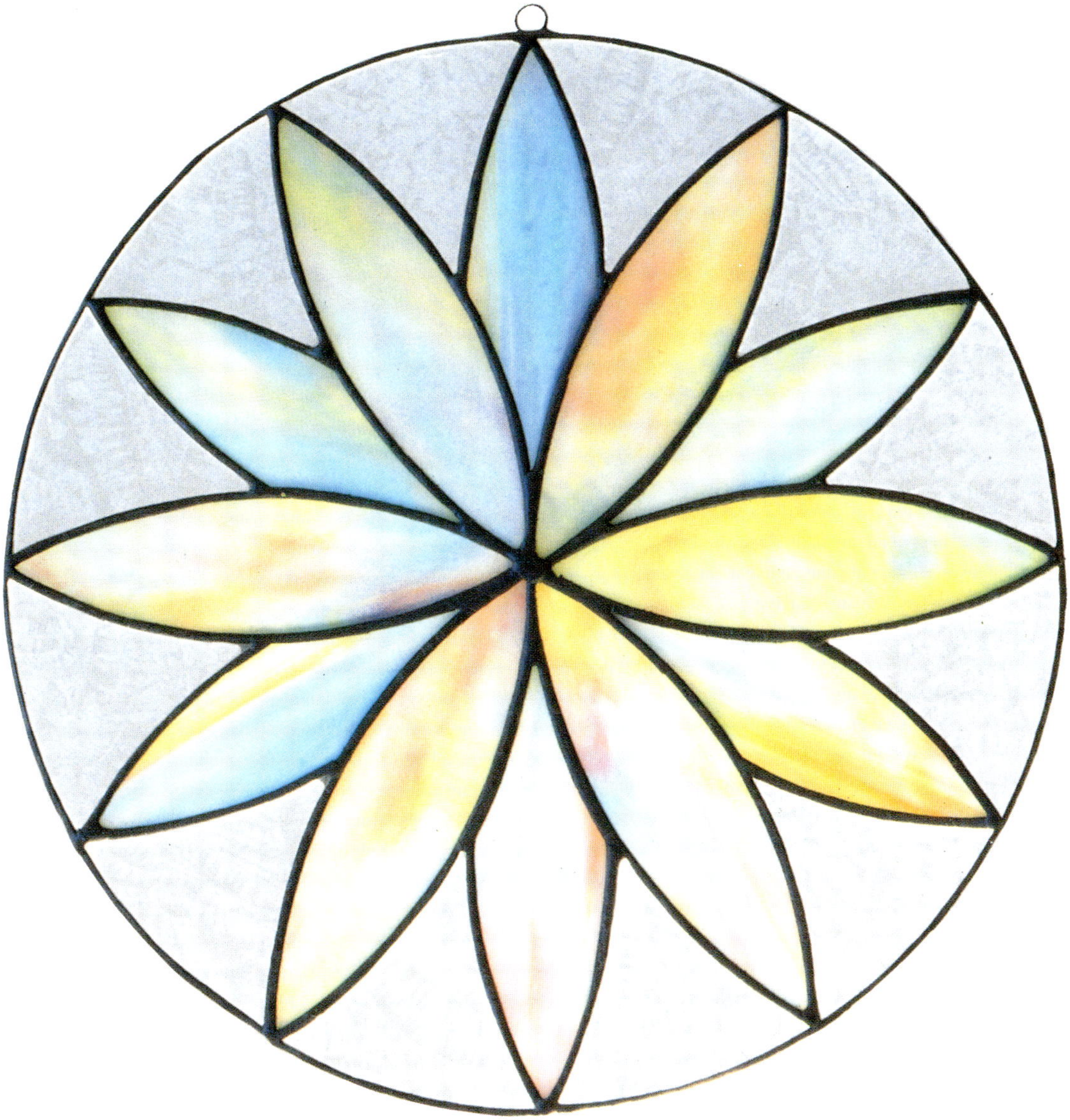

Abstrakte Motive

Ein abstraktes Motiv wird in der Regel durch seine Geometrie, seine Linienführung oder die Beziehungen der Flächen zueinander geprägt. Die Farbzusammenstellung ist hierbei meist von untergeordneter Bedeutung. Allerdings ist es durchaus möglich, reine, kräftige Farben zur Verdeutlichung dieser Strukturen einzusetzen. Damit die Formgebung jedoch transparent und übersichtlich bleibt und sich nicht ein das Auge verwirrendes Durcheinander der Farben ergibt, sollten Sie auch bei abstrakten Motiven nicht wahllos unterschiedliche Farben verarbeiten.

Form und Farbe

Jede Struktur übt auf den Menschen eine bestimmte Wirkung aus. Geschwungene Formen sind unserem Auge gefällig; sie wirken angenehm beruhigend und vertraut. Ecken, Kanten oder auch nur eine gerade Linie, die ein Motiv in zwei Hälften zerschneiden kann, wirken kühl, unruhig, gelegentlich sogar bedrohlich.

Führen Sie doch einmal folgenden kleinen Versuch durch, der die Richtigkeit dieser Behauptung zeigt. Ebensowenig wie es Ihnen gelingen wird, gleichzeitig an etwas sehr Schönes zu denken und dabei eckige Formen auf ein Blatt Papier zu malen, wird es Ihnen möglich sein, beim Gedanken an etwas Ärgerliches geschwungene Linien oder Kreise zu zeichnen. Diese Beziehung zwi-

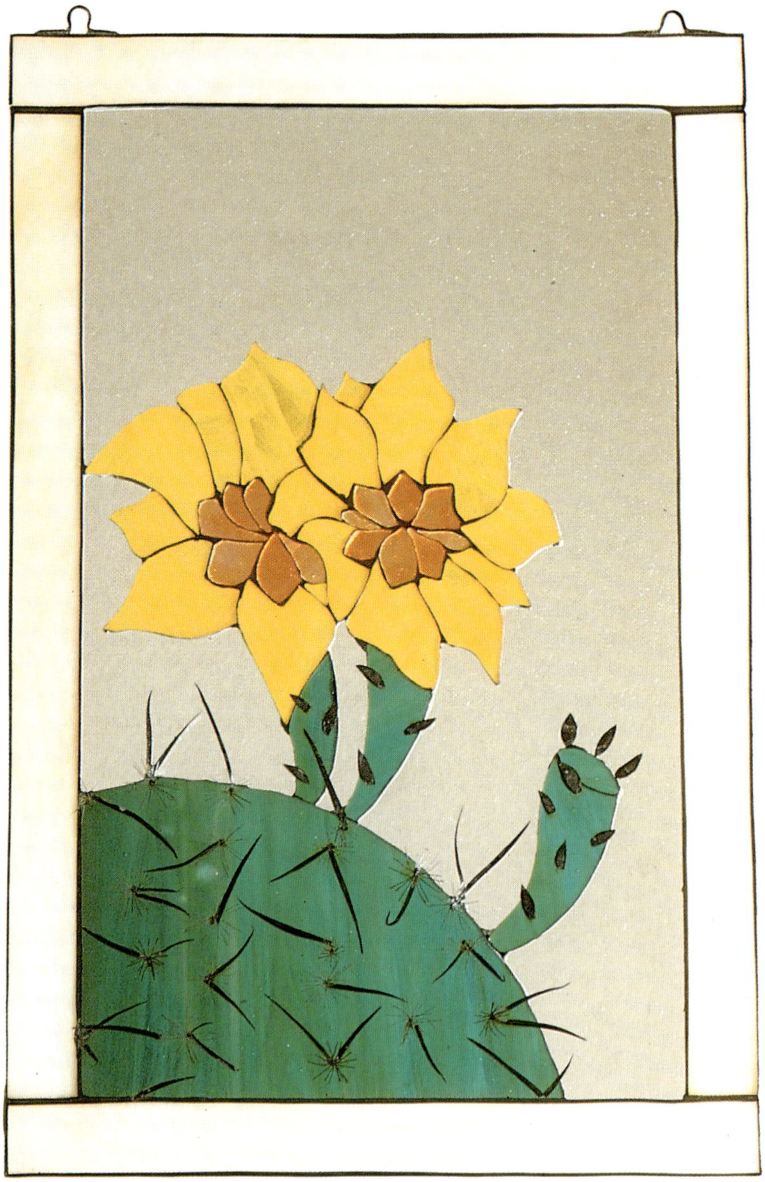

schen Form und Stimmung hat auch ihre Auswirkungen auf unser Farbempfinden. So bilden geschwungene Formen mit zarten Pastelltönen problemlos Formen eine dem Auge angenehme Einheit. Geometrische Grundformen wie Dreieck und Quadrat hingegen werden in der Regel nur mit kräftigeren Farbtönen zu einer solchen Einheit verschmelzen können.

Abbildung oben:
Das Kaktusmotiv wirkt sehr naturnah. Die hohe Leuchtkraft einer Kaktusblüte konnte durch die Verwendung stark transparenter Opalescentgläser in das Motiv übertragen werden. Die Stacheln sind mit einer Schere aus dünnem Kupferblech geschnitten, verzinnt und mit einem farblosen Zweikomponentenkleber befestigt worden.

Natürliche Vorlagen

Auf der Suche nach ansprechenden Motiven ist es die Natur, die uns immer wieder neu anregen kann. Gehen Sie mit offenen Augen durch Wälder und Gärten und prägen Sie sich besonders ansprechende Farb- und Formkompositionen ein; skizzieren oder fotografieren Sie sie einfach. Beim Zeichnen eines Motivs sollten Sie versuchen, das Gesehene auf die wesentlichen Merkmale hin zu reduzieren und zu stilisieren. Es kommt nicht darauf an, daß der Motiventwurf eine genaue Kopie der Vorlage ist. Vielmehr ist es von Bedeutung, daß die Schönheit der Darstellung der des Originals möglichst nahekommt.

Die Ausstattung

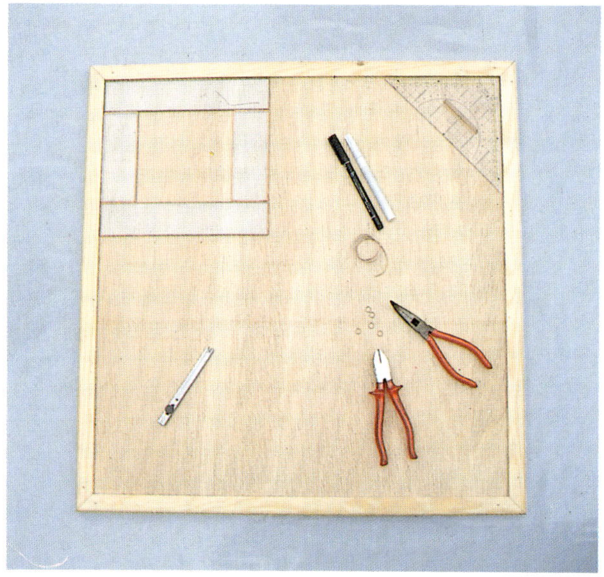

Erstklassige Tiffany-Arbeiten von bleibendem Wert setzen kein voll eingerichtetes Glasstudio voraus. Ein Tisch an einem hellen Platz der Wohnung, eine stabile Arbeitsunterlage und einige geeignete Werkzeuge reichen in der Regel aus, auch größere Objekte problemlos auszuarbeiten. Da Glas ein sehr hartes und sprödes Material ist, benötigt man zu seiner Verarbeitung eine Reihe von Spezialwerkzeugen.

Der folgende Einkaufszettel soll Ihnen einen Überblick geben, was Sie zur Glasverarbeitung brauchen. Viele der genannten Gegenstände finden sich üblicherweise in jedem Haushalt und werden daher nur der Vollständigkeit halber genannt. Sofern Sie sich in einem der vielen Fachgeschäfte eingehend beraten lassen, erhalten Sie hochwertige Geräte, die bei guter Pflege eine nahezu unbegrenzte Lebensdauer besitzen. Leider sind die Kosten für den Einstieg nicht gerade gering. Bedenken Sie aber, daß Sie nach dem Einkauf dieser Grundausstattung nur noch die Materialkosten für das Glas, die Kupferfolie, das Lötzinn und eventuell einige Kleinteile zu tragen haben.

Da Sie von nun an in der Lage sein werden, neben kleinen und doch sehr begehrten Präsenten auch wirklich attraktive Geschenke von bleibendem Wert für den Verwandten- und Bekanntenkreis preiswert selbst herzustellen, werden Sie die Kosten für die Grundausstattung bald wieder eingespart haben. Und wenn Sie sich einen kleinen Geschenkvorrat anlegen, werden Sie bei Bedarf immer schnell ein sehr persönliches Mitbringsel zur Verfügung haben.

Die Materialien und Werkzeuge

Die **Arbeitsunterlage** ist eine dünne *Sperrholzplatte* von ca. 60 x 60 cm Größe. Eine Plattenseite wird mit hellem Filz beklebt und eignet sich dann sehr gut als weiche Unterlage für den Glasschnitt. Auf die Kanten der anderen Plattenseite sollten Sie dünne Holzleisten aufkleben, die zum einen das Herabtropfen von heißem Lötzinn verhindern und zum anderen als 90°-Anlegewinkel dienen.

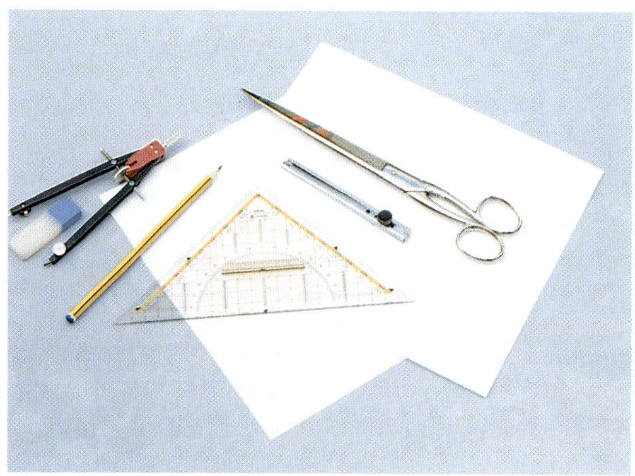

Zum **Konstruieren** und **Zeichnen** der Motive und zum Erstellen von **Schnittschablonen** benötigen Sie einen *Bleistift* und einen *Radierer*, einen *großen Zirkel*, ein großes *Geometriedreieck*, feste *Kartonpappe*, eine *Schere* und ein *Papiermesser*, das auch später beim Anreiben der Kupferfolie an die Glasteile gute Dienste leisten wird.

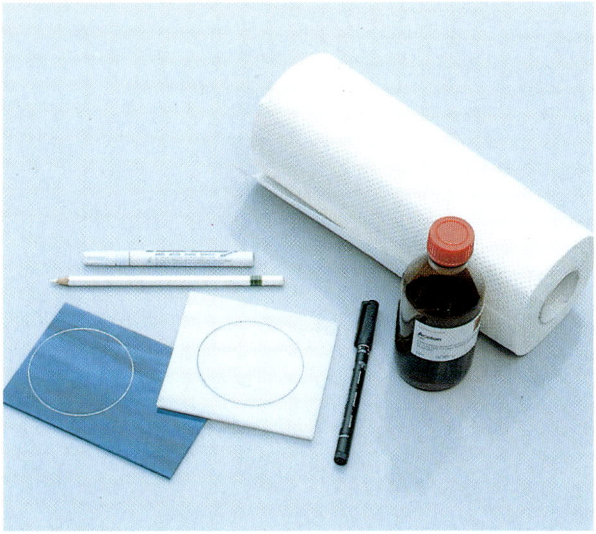

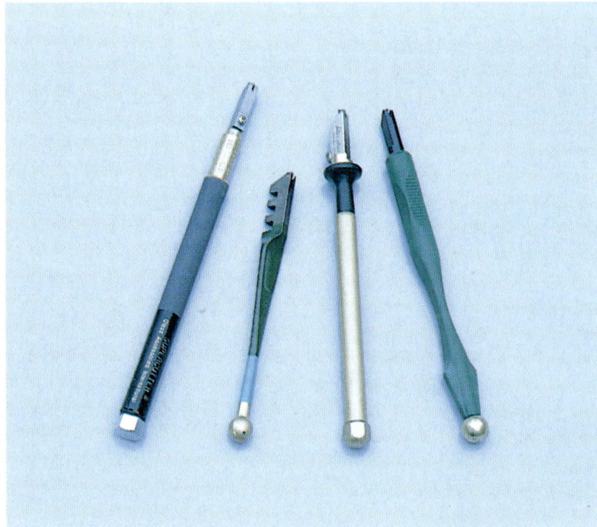

Das **Übertragen des Motivs** auf das Glas geschieht mit einem wasserfesten Folienschreiber, der eine schmale Spitze haben sollte. Da die Farbe der Folienschreiber je nach Fabrikat unterschiedlich gut auf dem Glas haftet, sollten Sie verschiedene Stifte ausprobieren. Wird das Glas nämlich nach dem Schneiden und Brechen naß geschliffen, so kommt es bei schlecht haftenden Farben vor, daß die gezeichneten Linien vom Wasser unterspült und abgelöst werden. Ein genaues Schleifen ist dann nicht mehr möglich.

Bei sehr dunklen Gläsern können Sie die Linie eines Folienschreibers nicht mehr erkennen. Hier verwenden Sie einen weißen *Fettstift* oder aber einen *weißen Lackstift*. Eine kleine Flasche *Aceton* (Vorsicht brennbar!) aus der Apotheke und eine Rolle *Küchenkrepp* sollten zum Entfernen überflüssiger Linien immer griffbereit sein. Das Aceton ist darüber hinaus auch sehr gut zur Entfernung der gelegentlich auf Spiegelflächen haftenden Schellackflecken geeignet. Schaben Sie vorher das Schellack so gut es geht mit der Klinge des Papiermessers oder einer Rasierklinge ab und entfernen Sie dann mit einigen Tropfen Aceton den verbliebenen Belag.

Für das **Schneiden und Brechen** des Glases benötigen Sie einige Spezialwerkzeuge: zum Beispiel den *Glasschneider*. Falls Sie nicht gleich einen sogenannten Ölglasschneider kaufen, bei dem ein kleines Schwämmchen das Schneiderädchen kontinuierlich mit einer Mischung von Nähmaschinenöl und Petroleum benetzt, wird der Glasschneider nach dem Gebrauch immer in einem Glas, auf einem ölgetränkten Läppchen stehend, aufbewahrt. Ein Glasschneider mit einem Hartmetallschneiderädchen übersteht so viele tausend Schnittmeter. Neuere Modelle lassen es sogar zu, den Schneidekopf auszutauschen, wenn er stumpf geworden ist.

Besonders wichtig bei der Wahl des Glasschneiders ist es, daß er gut in Ihrer Hand liegt. Nur so können Sie sicher und unverkrampft mit ihm arbeiten. Fragen Sie Ihren Händler, ob Sie mit den verschiedenen Modellen einige Probeschnitte versuchen dürfen. So werden Sie schnell feststellen, welches Modell für Sie besonders geeignet ist.

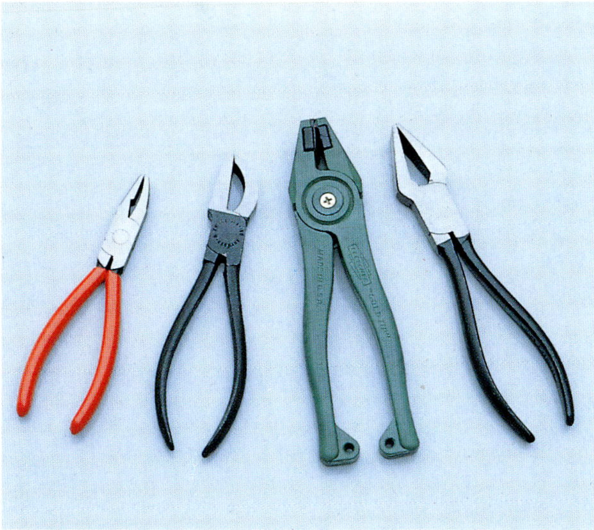

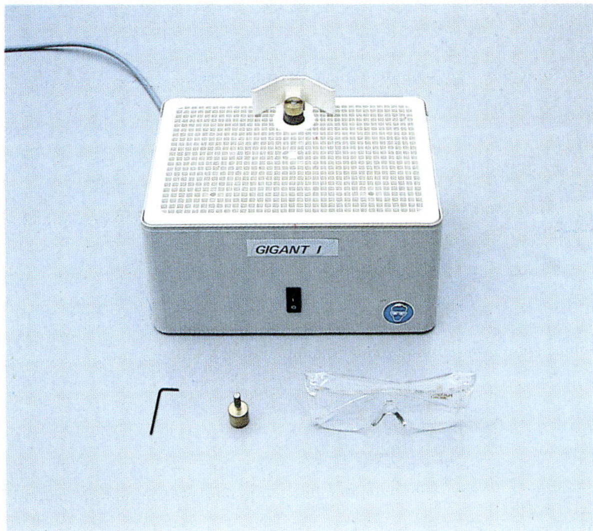

Häufig bricht das Glas nicht genau so, wie es vorgesehen war. Als Hilfen beim Glasbrechen und zur Beseitigung von Ungenauigkeiten werden im Fachhandel eine ganze Reihe von Zangen angeboten. Kleine überstehende Bruchstücke können mit der *Kröselzange* vorsichtig „abgeknabbert" werden. Eine Backe dieser Zange ist gerade, die andere gebogen. Die geriffelten Innenseiten der Zangenbacken geben Ihnen auf dem Glas Halt. Beim Arbeiten mit dieser Zange liegt die gebogene Backe immer unten. Die Kröselzange hilft aber auch, schmale Glasstreifen zu brechen, die den Fingern der Hand keinen ausreichenden Halt mehr bieten. Auf dieses Werkzeug können Sie in der Tiffany-Technik nicht verzichten.

Lange, gerade Schnitte sind von Hand nur schwer zu brechen, da der auf dem Glas ausgeübte Druck nicht gleichmäßig auf die gesamte Schnittlänge übertragen wird. Hier ist die *Glaslaufzange* hilfreich. Sie ermöglicht es, auch lange, schmale Glasstreifen sauber zu trennen. Ein weiteres Hilfsmittel ist die Glasbrechzange, die mit breitem oder schmalem Maul angeboten wird. Die *Glasbrechzange mit breitem Maul* ist geeignet, lange, sehr schmale Glasstreifen sicher zu greifen und zu brechen. Daher ist es für den fortgeschrittenen Bastler, der häufig solche schmalen Streifen brechen will, hilfreich, auch diese Zange zu besitzen. Die *Glasbrechzange mit schmalem Maul* hingegen ist geeignet, breitere Glasstücke zu brechen, leistet dabei aber keine wesentlich größere Hilfe als die Kröselzange.

Das **Schleifen des Glases** ist erforderlich, da die Bruchkanten muschelig und sehr scharf sind und beim Einfassen der Glasteile die dünne Kupferfolie zerschneiden würden. Daher folgt auf das Schneiden und Brechen immer das Schleifen des Glases. Hierbei lassen sich in einem Arbeitsgang auch noch die letzten Ungenauigkeiten beseitigen.

Obwohl immer wieder behauptet wird, das Schleifen des Glases lasse sich auch von Hand mit einem angefeuchteten Korundschleifstab bewältigen, können Sie bei diesem Arbeitsgang auf den Einsatz einer elektrischen *Glasschleifmaschine* nicht verzichten. Diese Geräte sind mit einem diamantsplitterbesetzten Schleifkopf ausgestattet, der in kurzer Zeit große Glasmengen abtragen kann und in der Regel eine Lebensdauer von ca. 80–120 Arbeitsstunden besitzt. Während Sie für das Abschleifen von Hand mit einem Korundstab Stunden benötigen würden, können Sie das gleiche Ergebnis innerhalb weniger Sekunden mit diesem Gerät erzielen. Allerdings ist der Schleifkopf recht empfindlich. Wird die ständige Kühlung durch das Wasser unterbrochen, so kann er innerhalb weniger Sekunden unbrauchbar werden.

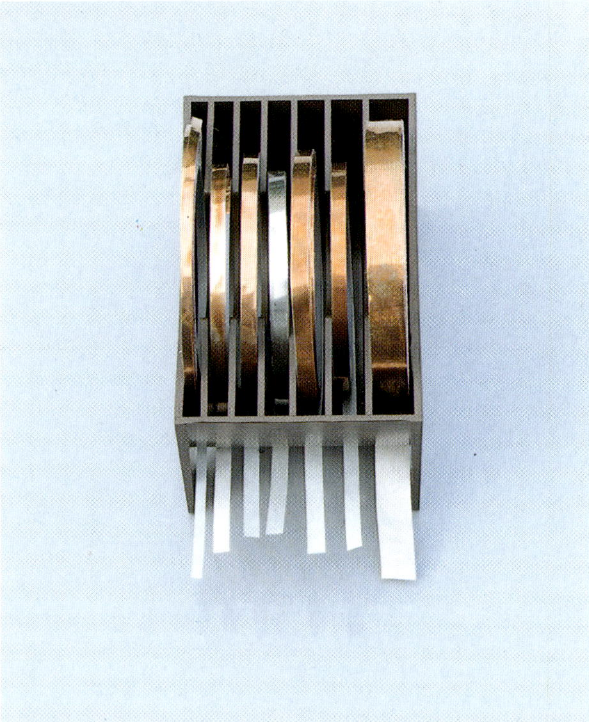

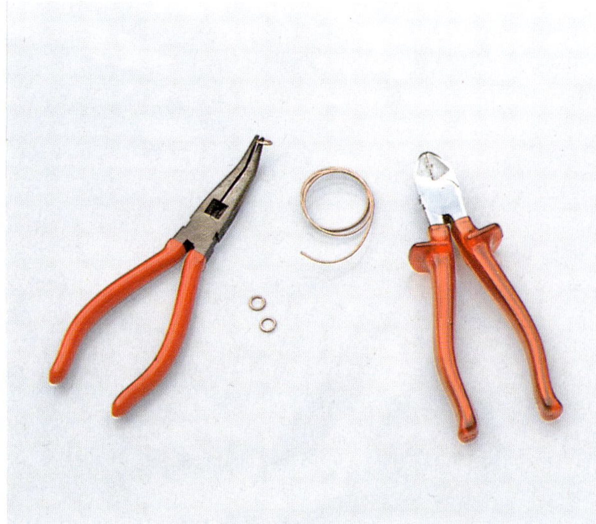

Vergessen Sie daher nicht, hin und wieder den Wasserstand in der Schleifmaschine zu kontrollieren, den Schleifstaub aus dem Innern der Maschine zu entfernen und gegebenenfalls Wasser nachzufüllen. Falls die Schleifmaschine bei Ihnen auf einem sehr glatten Untergrund steht, können Sie eine Gummimatte unter das Gerät legen. So verhindern Sie, daß es beim Schleifen wegrutschen kann. Falls Sie nicht ohnehin schon Brillenträger sind, sollten Sie beim Schleifen wie auch beim Schneiden und Brechen des Glases unbedingt eine *Schutzbrille* tragen, da immer wieder abplatzende, kleine Glassplitter in Ihre Augen gelangen könnten.

Wird Spiegelglas verarbeitet, so ist das **Versiegeln der Spiegelrückseite** vor dem Einfassen in die Kupferfolie sehr wichtig. Nur so kann vermieden werden, daß das beim Löten verwandte Lötfett oder -wasser, das sich in geringen Mengen immer zwischen der Kupferfolie und dem Glas absetzt, im Laufe der Zeit die empfindliche Spiegelschicht verätzt. Dies führt dann zu häßlichen schwarzen Flecken, dem sogenannten „Spiegelfraß". Zum Schutz der dünnen Spiegelschicht können Sie entweder *Schellack* auftragen oder aber einen schnelltrocknenden *Acryl-Sprühlack* verwenden.

Für das **Einfassen des Glases** in die Kupferfolie ist ein *Folienspender* praktisch. In ihm lassen sich Folien unterschiedlicher Breite übersichtlich aufbewahren und bei Bedarf ohne Verdrehen abrollen. Im Handel werden auch *Folienabrollgeräte* angeboten, die das Einfassen mehr oder weniger automatisieren oder wenigstens beschleunigen sollen. Ich empfehle Ihnen jedoch, auf den Gebrauch dieser Geräte zu verzichten. Preiswerte Konstruktionen werden sie qualitativ nicht zufriedenstellen und selbst die mit ausgereiften Systemen zu erreichenden Arbeitsergebnisse sind nicht besser als bei reiner Handarbeit. Außerdem besteht die Gefahr, durch einen vermehrten Einsatz von Maschinen zunehmend den Bezug zur fertigen Glasarbeit zu verlieren.
Gelegentlich werden Sie Ihre Arbeiten mit Ösen versehen wollen, um beispielsweise Spiegel an der Wand befestigen zu können. Derartige Zubehörteile können Sie problemlos selbst herstellen. Alles, was Sie zum **Biegen von Kleinteilen** benötigen, ist ein *Kupferdraht* von ca. 1 mm Dicke, eine *gebogene Spitzzange* und einen *Saitenschneider.* Verstärkungsstücke, Scharniere, aber auch Insektenfühler lassen sich mit diesen Werkzeugen leicht aus Kupferdraht herstellen.

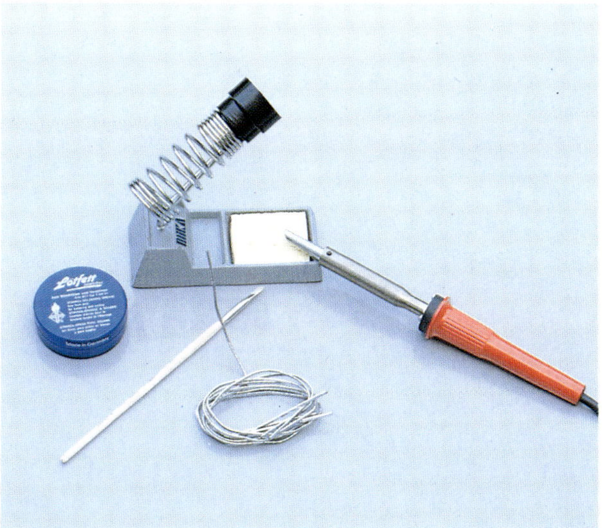

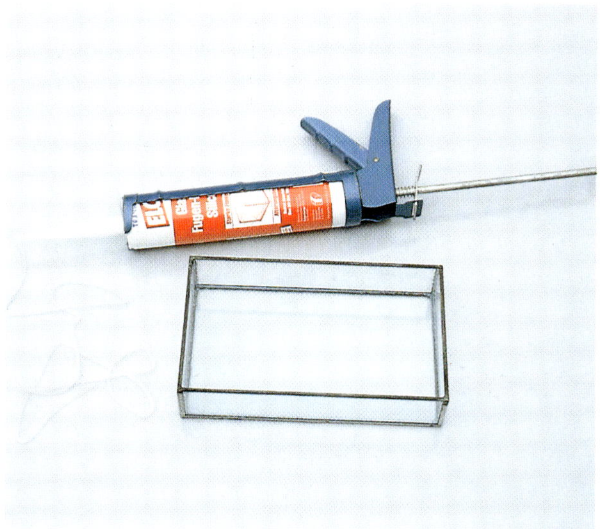

Das **Verlöten** der in Folie gefaßten Glasteile wird mit einem einfachen *Lötkolben* durchgeführt, der eine Mindestleistung von ca. 60 Watt und eine Dauerlötspitze besitzen sollte. Eine *Ablage* für den Lötkolben erhalten Sie im Fachhandel. Aus einem Stück dicken Draht können Sie sich diese natürlich auch leicht selbst biegen. Kupferfolie bildet an ihrer Oberfläche in Kontakt mit Luft schnell eine Oxidschicht, auf der das Lötzinn nicht haften kann. Daher muß diese Schicht vor dem Verlöten mit Hilfe von *Lötwasser* oder *-fett* entfernt werden. Die Reste des Lötfettes lassen sich später bei Reinigung des Werkstückes wesentlich schwerer entfernen als die wasserlöslichen Beläge des getrockneten Lötwassers. Dennoch sollten Sie die Verwendung von Lötfett den Vorzug geben, da es wesentlich wirkungsvoller und einfacher zu handhaben ist. Für das Auftragen des Lötwassers oder -fettes benötigen Sie einen *schmalen Pinsel* mit harten Naturborsten.

Zur Säuberung des Werkstückes können Sie verschiedene Reinigungsmittel verwenden. Weil das Glas nach dem Verlöten durch den Gebrauch von Lötwasser oder -fett von vielen Fingerabdrücken stark verschmutzt ist, wird es zunächst gründlich mit einem kleinen *Schwamm* und *Reinigermilch oder aber angefeuchtetem Scheuerpulver* abgerieben. Wenn Sie zusätzlich einen *breiten Pinsel* mit harten Borsten verwenden, erreichen Sie mit dem Reinigungsmittel auch noch schwer zugängliche Ecken.

Bei dieser Grundreinigung kann das Glas durch das Scheuerpulver bzw. die Reinigermilch übrigens keinen Schaden nehmen, da es wesentlich härter als dieses ist. Bei Gläsern mit einem irisierendem Überzug sollten Sie allerdings lieber etwas angefeuchtetes *Feinwaschmittel* verwenden, da der Überzug weniger hart als das Glas ist. Sind nach dieser Grundreinigung die groben Verunreinigungen entfernt, gibt ein *Fensterputzmittel* dem Glas den letzten Glanz.

Die silberfarbenen Lötnähte stellen häufig einen zu harten Kontrast zu dem Motiv dar. Daher steht das sogenannte **Patinieren der Lötnähte,** bei dem die Oberfläche des Zinns kupfern oder schwarz gefärbt wird, häufig am Ende der Herstellung einer Tiffany-Arbeit. Außerdem lassen patinierte Lötnähte die Objekte ein wenig antik und damit sehr edel wirken. Gerade bei Jugendstilmotiven sollte man auf das Patinieren nicht verzichten. Diese Nachbehandlung wird durch das Auftragen einer Salzlösung auf die gut gereinigten Lötnähte auf chemischem Wege durchgeführt. Außer den gängigen *Patinierflüssigkeiten* für schwarze und kupferfarbene Lötnähte benötigen Sie noch einen weiteren *Pinsel,* der nur für diesen Zweck verwandt werden sollte.

Das **Abdichten von Lötnähten** ist immer dann zu empfehlen, wenn Pflanzen in Glasgefäße eingesetzt werden sollen. Eine Kartusche *Silikonmasse* reicht aus, um viele Meter Lötnähte dauerhaft zu versiegeln.

An diese Stelle gehört auch noch ein kurzes Wort zum Thema Umweltschutz. In der Tiffany-Technik verwenden Sie einige Chemikalien, die bei Mißbrauch umweltschädlich und giftig sind. Sie sollten diese Stoffe (Lötwasser, Patina) daher unbedingt für Kinder unzugänglich aufbewahren. Die Reste dieser Flüssigkeit sollten Sie sammeln und bei Gelegenheit zu einer Giftmüllsammelstelle bringen. Die von Ihnen verwandten Lacksprays sollten natürlich frei von Fluorchlorkohlenwasserstoffen (FCKWs) sein. Es ist selbstverständlich, daß bei der Vielzahl der in den Lacken enthaltenen Lösungsmittel nur in gut durchlüfteten Räumen lackiert werden sollte.

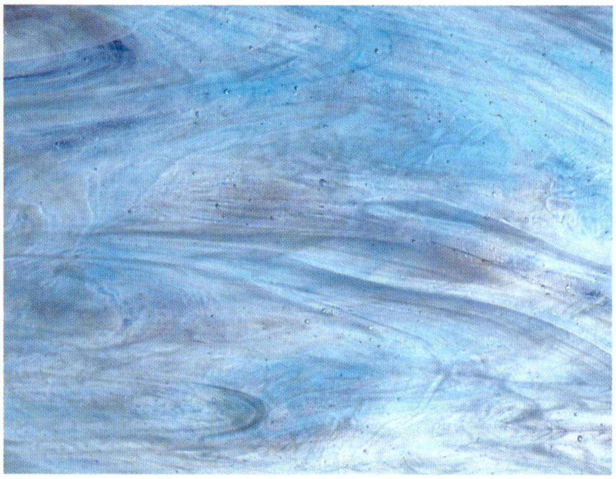

Zusammenfassung

Die Arbeitsunterlage
- Sperrholzplatte von ca. 60 x 60 cm Größe
- heller Filz
- dünne Holzleisten

Konstruieren, Zeichnen, Schablonenbau
- Bleistift
- Radierer
- großer Zirkel
- Kartonpappe
- Schere
- Papiermesser

Übertragen des Motivs
- Folienschreiber mit dünner Spitze
- weißer Fettstift oder weißer Lackstift
- Küchenkrepp
- Aceton

Schneiden und Brechen
- Glasschneider
- Kröselzange
- Glaslaufzange

Schleifen
- Glasschleifmaschine
- Schutzbrille

Versiegeln
- Schellack oder Acryl-Sprühlack

Biegen von Kleinteilen
- Kupferdraht
- gebogene Spitzzange
- Saitenschneider

Verlöten
- Lötkolben
- Dauerlötspitze
- Ablage
- Pinsel, schmal, mit harten Naturborsten
- Lötfett oder Lötwasser
- Klebestreifen

Säuberung des Werkstückes
- Schwamm
- Pinsel, breit, mit harten Borsten
- Scheuerpulver oder Reinigermilch
- Feinwaschmittel
- Fensterputzmittel

Patinieren
- Patinierflüssigkeiten
- Pinsel

Abdichten
- Silikonmasse

rechte Seite:
Eine solche Lichtsäule läßt sich sehr leicht nacharbeiten. Hier wurde ein irisierendes, leicht rosé getöntes Opalescentglas verwendet. Die Kanten der Glasteile wurden schräg angeschliffen um die Lötnähte so schmal wie möglich zu halten. Damit die Säule in ihrer gesamten Länge gleichmäßig leuchtet, wird als Lichtquelle entweder eine Leuchtstoffröhre oder aber eine herkömmliche Glühlampe in Stabform („Linestra") eingesetzt.

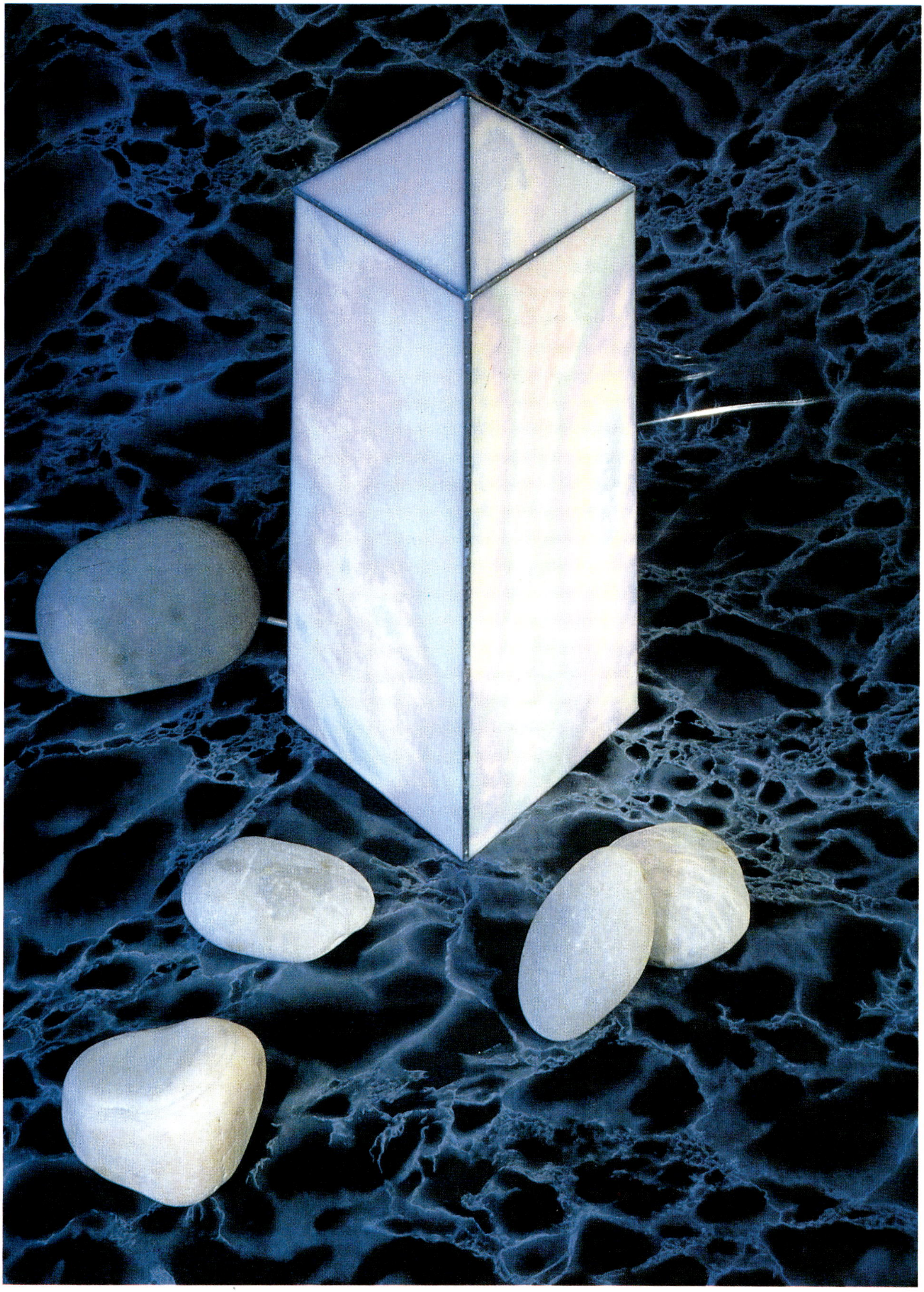

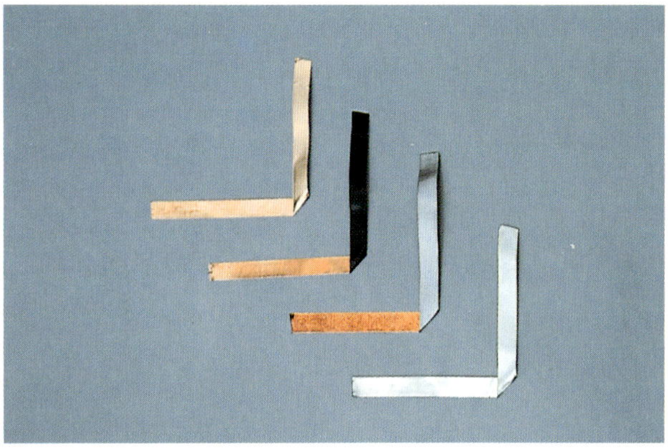

Die Kupferfolie

Um die einzelnen Glasstücke einzufassen und damit für das Verlöten vorzubereiten, wird Kupferfolie benötigt. Alle Kupferfolien sind auf einer Seite mit einem temperaturbeständigen Klebstoff beschichtet, der zwischen dem Glas und dem Kupfer eine feste und dauerhafte Verbindung herstellt. Natürlich ist hierfür Voraussetzung, daß die mit der Kupferfolie einzufassenden Glasteile vorher gut von Fett und noch anhaftendem Schleifstaub gereinigt werden. Kupferfolien werden in den verschiedensten Ausführungen angeboten. Zunächst ist bei der Wahl der richtigen Kupferfolie die Breite der Folie maßgebend. Diese wird üblicherweise in Zoll angegeben. Die folgende Tabelle zeigt eine Aufstellung der gängigen Folienbreite, umgerechnet in Millimeter:

5/32 Zoll	= ca.	4,0 mm
11/64 Zoll	= ca.	4,4 mm
3/16 Zoll	= ca.	4,8 mm
7/32 Zoll	= ca.	5,6 mm
1/4 Zoll	= ca.	6,4 mm
5/16 Zoll	= ca.	7,9 mm
3/8 Zoll	= ca.	9,5 mm
1/2 Zoll	= ca.	12,7 mm

Da das von Ihnen verarbeitete Glas meistens eine Stärke von ca. 3 mm haben wird, sollten Sie zunächst eine Folienbreite von 4,8 oder 5,6 mm wählen. Je breiter die Folie gewählt wird, um so leichter läßt sich zwar mit ihr arbeiten, um so breiter, auffälliger und störender werden aber auch die Lötnähte. Sobald Sie im Umgang mit der Kupferfolie etwas Übung bekommen haben, werden Sie auch schmalere Folien sicher verarbeiten können.

Die im Handel angebotenen Folien unterscheiden sich außer in der Breite auch noch in der Art ihrer Beschichtung:

Einfache, kupferfarbene Folie
Sie ist die preiswerteste Folienart und zum Einfassen aller Arten von undurchsichtigem oder wenig durchscheinendem Buntglas zu empfehlen.

Einseitig geschwärzte Folie
Diese Folie sollte immer dann gewählt werden, wenn Fensterglas, Spiegelglas oder helles, durchsichtiges Buntglas verarbeitet werden und beabsichtigt ist, die Lötnähte schwarz zu patinieren.

Innenseitig verzinnte Folie
Zur Einfassung von Spiegelgläsern und Fensterglas zu empfehlen, soweit die Lötnähte nicht abschließend schwarz patiniert werden sollen.

Beidseitig verzinnte Folie
Recht teure Folienart, ermöglicht es aber, Spiegelgläser ohne den Einsatz von Lötfett zu verlöten.

Die Folien werden auf Rollen in einer Länge von 33 Metern angeboten. Neben der unbeschichteten kupferfarbenen Folie benötigen Sie zumindest noch eine Rolle der einseitig geschwärzten Folie.

Das Lötzinn

Das Lötzinn dient dem Verbinden der in Kupferfolie eingefaßten Glasstücke. Es ist eine Mischung von Blei und Zinn in den Gewichtsverhältnissen 60% Zinn und 40% Blei oder aber 50% Zinn und 50% Blei. Da Zinn einen Schmelzpunkt von 232 °C gegenüber 327 °C beim Blei besitzt, ist das Lötzinn mit einem Anteil von mindestens 60 % Zinn bei nahezu allen Lötarbeiten vorzuziehen. Dieses ist nicht wesentlich teurer als jenes mit geringerem Zinnanteil, läßt sich aber aufgrund des niedrigeren Schmelzpunktes leichter verarbeiten. Für unsere Arbeiten ist das im Tiffany-Fachhandel angebotene Stangenlötzinn besser geeignet als der ebenfalls erhältliche Lötdraht, der erst abgerollt werden muß und nicht so preiswert wie Stangenlötzinn zu erhalten ist.

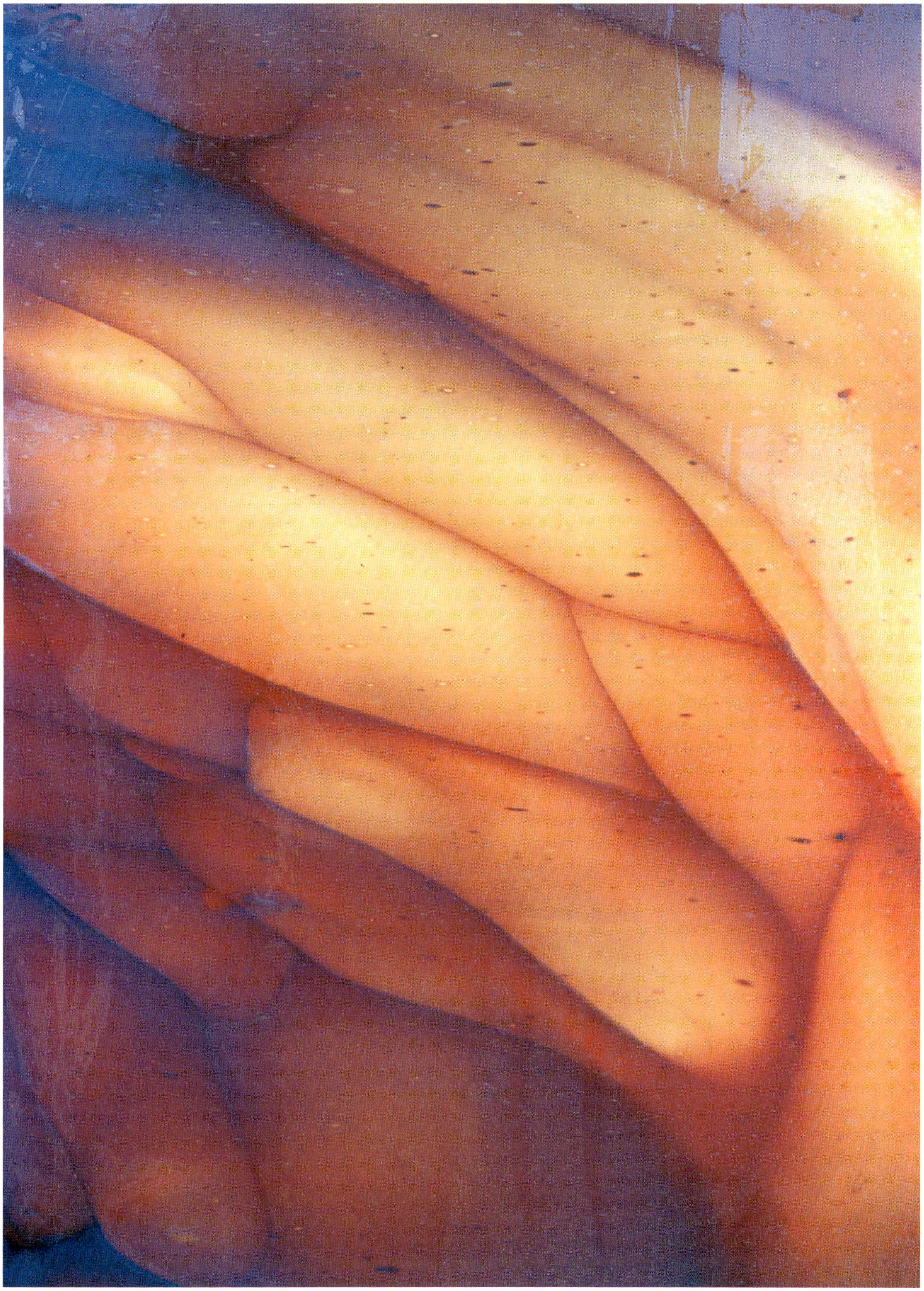

Modell I: Wandspiegel

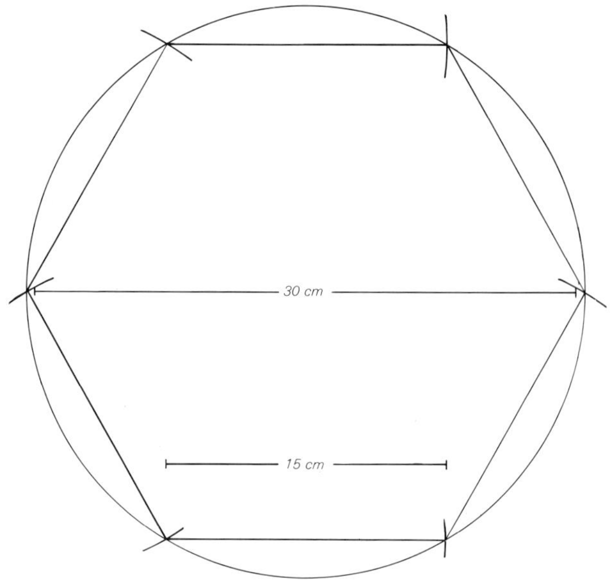

Anhand eines einfachen Wandspiegels werden Sie nun die grundlegenden Arbeitsschritte in der Tiffany-Technik kennenlernen. Soweit Sie sich an die vorgegebene Bauanleitung halten, sind größere Mißgeschicke eigentlich ausgeschlossen. Sollte der eine oder andere Arbeitsgang aber dennoch einmal nicht sofort zum gewünschten Erfolg führen, so ist das kein Grund zur Resignation. Der Satz „Übung macht den Meister" trifft gerade auf dieses Hobby zu. Viele Handgriffe, die Ihnen zunächst vielleicht etwas kompliziert vorkommen, werden Ihnen schon nach kurzer Zeit mühelos von der Hand gehen.

Ob Sie ein einfaches geometrisches oder aber ein detailreiches Motiv aus dem Bereich der Pflanzen- oder Tierwelt wählen, immer ist der Motiventwurf der Ausgangspunkt einer gelungenen Tiffany-Arbeit. Das fertige Glasobjekt kann nur so genau sein wie der ihr zugrunde liegende Entwurf. Es ist daher sehr wichtig, daß schon der Entwurf mit großer Sorgfalt ausgearbeitet wird. Kompliziertere Formen sollten Sie immer auf einem Stück Kartonpappe mit einem dünnen Bleistift vorzeichnen. So läßt sich der Entwurf bis zum Ausschneiden der einzelnen Schablonenteile noch verändern und die fertigen Schablonenteile können für eine spätere Verwendung aufbewahrt werden. Sehr einfache geometrische Formen sollten allerdings direkt auf das Glas gezeichnet werden, da das Übertragen der Schablonenumrisse auf das Glas immer auch kleine Ungenauigkeiten mit sich bringt.

Arbeitsvorbereitung

Für den Wandspiegel müssen Sie sich zunächst einmal eine sechseckige Schablone in der Größe der Spiegelglasscheibe anfertigen. Dazu zeichnen Sie mit dem Zirkel einen Kreis mit einem Radius (= halber Kreisdurchmesser) von 15 cm auf ein Stück Kartonpappe. Nun wird ebenfalls mit dem Zirkel dieser Radius sechsmal auf der Kreislinie abgetragen.

Wenn Sie nun die Schnittpunkte auf der Kreislinie miteinander verbinden, erhalten Sie ein exaktes Sechseck, bei dem die Länge jeder Seite genau dem Radius des Kreises, hier also 15 cm, entspricht. (Da Sechsecke auf diesem Wege allein mit einem Zirkel sehr leicht und genau konstruiert werden können, ist diese Form übrigens auch für viele andere Motive geeignet). Schneiden Sie die Schablone mit Hilfe des Papiermessers sauber entlang der Innenseite der gezeichneten Linie aus. Dann wird die Schablone auf ein Stück Spiegelglas gelegt und die Umrisse mit dem Folienschreiber auf das Glas übertragen.

Zur Umrahmung des Spiegelglases werden sechs Glasstreifen von 5 cm Breite benötigt, die an ihren Enden in einem Winkel von 60 Grad geschnitten werden müssen. Da dieser Winkel leicht von der Skala des Geometriekreises übertragen werden kann, können Sie diese Teile direkt auf das Glas aufzeichnen.

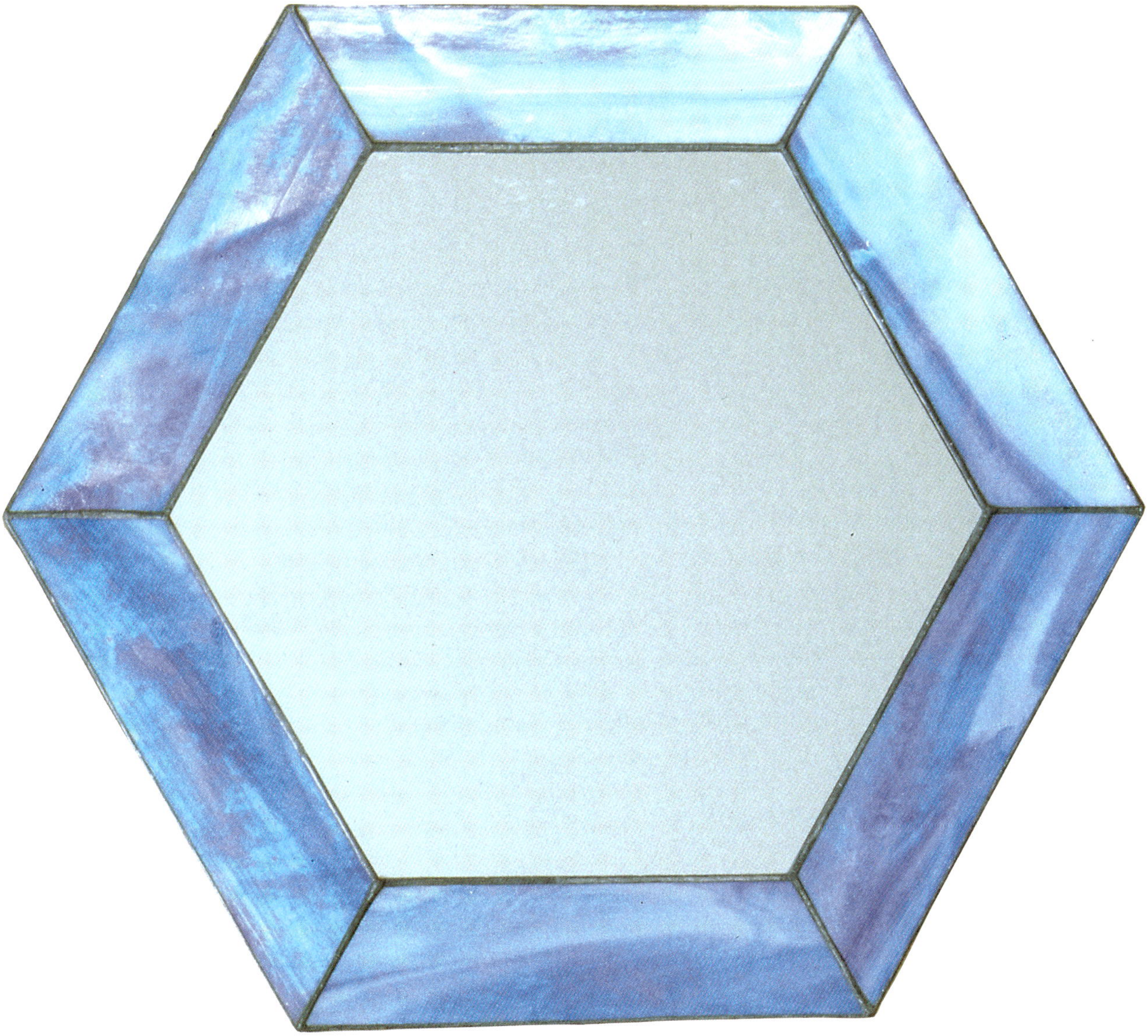

Das Schneiden

Bevor Sie nun die aufgezeichneten Teile aus dem Glas schneiden, sollten Sie sich erst einmal an einem Stück preiswertem Fensterglas oder besser noch an einem Bruch-Farbglas mit der Technik des Glasschneidens und dem Gebrauch der Werkzeuge vertraut machen. Sie werden bald feststellen, daß Buntgläser je nach Herstellungsverfahren, Rezeptur und Färbung sehr unterschiedliche Schnitt- und Brucheigenschaften besitzen, denen man sich anpassen muß. Wenn Sie die folgenden Punkte beachten, wird Ihnen ein sauberer Glasschnitt nach sehr kurzer Zeit keine Probleme mehr bereiten, unabhängig davon, welches Glas sie verwenden.

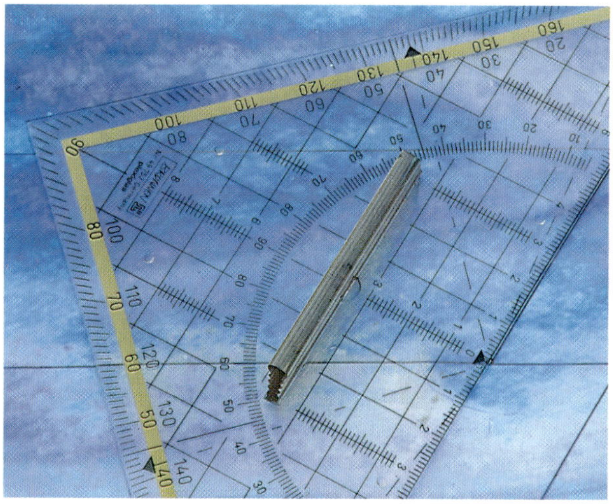

Hier ist links am Geometriedreieck der Winkel von 60 Grad angelegt. Rechts an der Zentimeterskala kann dieser Winkel nun direkt auf das Glas übertragen werden.

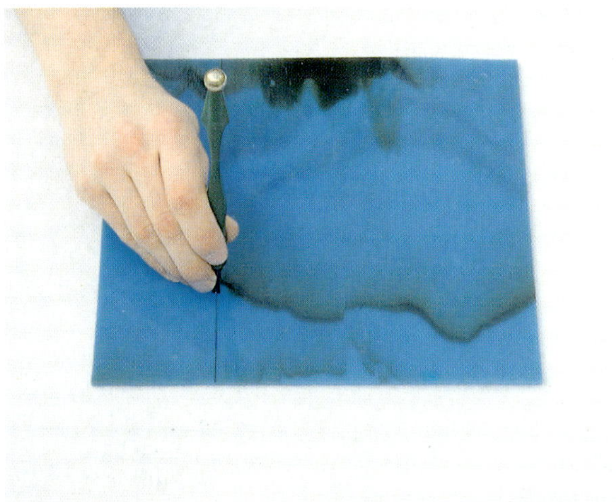

Glas wird immer in einer durchgehenden Bewegung von Kante zu Kante geschnitten.

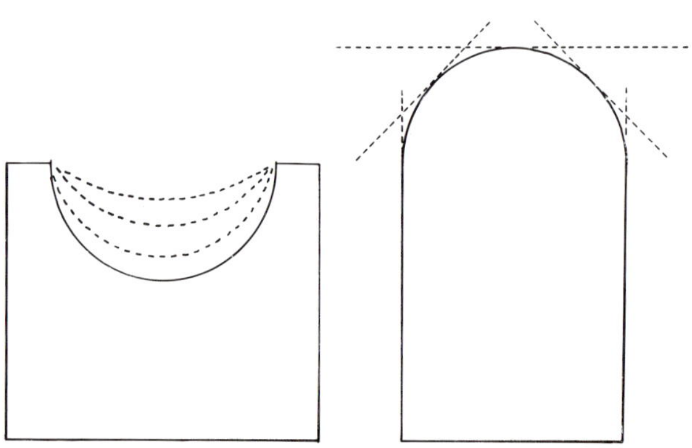

An starke Innenkurven tastet man sich mit mehreren Hilfsschnitten heran.

1. Der Arbeitsplatz sollte hell und leicht von kleinen Glassplittern zu reinigen sein. Er sollte zumindest die Höhe eines Eßtisches haben, damit Sie sich beim Schneiden bequem darüberbeugen können.

2. Buntgläser besitzen eine weitgehend glatte Vorder-, und eine mehr oder weniger unebene Rückseite. Das Glas wird immer auf der glatten Vorderseite angeritzt. Die Glasoberfläche muß dabei staub- und fettfrei sein.

3. Das Glas muß auf einer geeigneten, weichen und hellen Schneideunterlage eben aufliegen. Zwischen dem Glas und der Filzauflage dürfen sich keine größeren Glassplitter befinden.

4. Das Schneiderädchen des Glasschneiders wird, ohne abzusetzen oder die Bewegung zu unterbrechen, von einer Glaskante zur anderen geführt.

5. Ein „Nachschneiden" ist nicht möglich. Zum einen könnte das Schneiderädchen hierdurch beschädigt werden und zum anderen würde das Glas entlang dieser Linie nur noch sehr unsauber brechen. Haben Sie sich also verschnitten, so sollten Sie das Glas an dieser Stelle brechen und versuchen, die gewünschte Glasform mit der Schleifmaschine aus dem Glasstück herauszuschleifen.

6. Das Schneiderädchen des Glasschneiders muß sich völlig frei drehen können. Entfernen Sie daher gelegentlich den Glasstaub am Schneiderädchen mit einem kleinen Pinsel. Falls Sie einen Ölglasschneider besitzen, sollten Sie gelegentlich kontrollieren, ob das Schneiderädchen noch ausreichend mit Öl benetzt wird.

7. Wollen Sie extreme Innenkurven schneiden, so müssen Sie sich der gewünschten Krümmung mit mehreren Hilfsschnitten möglichst weit annähern. Nach jedem Hilfsschnitt wird der schmale Glasstreifen mit der Kröselzange und mit einer wippenden Bewegung mehr herausgezogen als -gebrochen. Die exakte Form erhält das Glasstück dann erst an der Glasschleifmaschine.

8. Bei Glasteilen, die sowohl über Außen- als auch Innenkurven verfügen, werden immer zuerst die Innenkurven geschnitten. So läßt sich vermeiden, daß die Spitzen abbrechen.

9. Damit Sie beim Schneiden möglichst beweglich sind, sollten Sie Glas immer stehend schneiden. Überlegen Sie sich vor dem Schnitt, wie Sie sich stellen müssen, um sich während der Schneidebewegung nicht selbst zu behindern.

10. Üben Sie nur geringen Druck auf das Schneiderädchen aus. Es sollte auf der Glasoberfläche nur eine kaum erkennbare Spur (Fissur) erkennbar sein. Wird zuviel Druck ausgeübt, so hinterläßt das Schneiderädchen eine weiße Linie. Das Glas läßt sich dann nicht mehr sauber brechen.

11. Beim Ausschneiden beginnt man immer zunächst mit den großen Glasteilen. Jedes kompliziert geformte Teil wird zunächst in einer Rohform von der Platte getrennt und erst dann genau auf Passform geschnitten. So vermeiden Sie es, daß beim Kurvenschneiden ein einziger Fehlschnitt die gesamte Glastafel unbrauchbar macht.

Zur Übung können Sie sich mit dem Lineal einige Geraden und von Hand einige Kurvenverläufe aufzeichnen und versuchen, diese möglichst genau mit dem Glasschneider nachzuschneiden. Es spielt dabei keine Rolle, ob Sie das Schneiderädchen mit einer schiebenden oder ziehenden Bewegung über die Glasoberfläche führen. Auch ist es nicht von Bedeutung, ob Sie den Glasschneider mit einer oder mit beiden Händen halten oder ob Sie sich mit den Fingerspitzen auf der Glasoberfläche leicht abstützen. Entscheidend für einen sauberen Schnitt ist lediglich, daß Sie eine gute Sicht auf die aufgezeichnete Schnittlinie haben und das Werkzeug mit Feingefühl sicher und unverkrampft führen können.

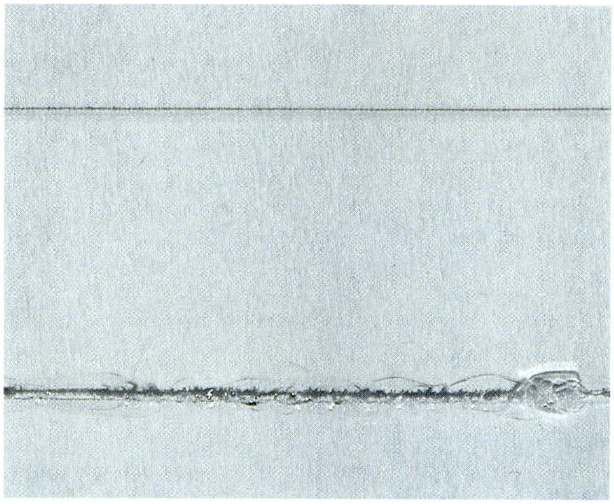

Auf einem hellen Hintergrund wird die Fissur deutlich sichtbar. Oben: Ein haarfeiner Schnitt, hier wird das Glas genau brechen. Unten: Hier wurde zu viel Druck ausgeübt. Das Glas wird beim Brechen vermutlich splittern.

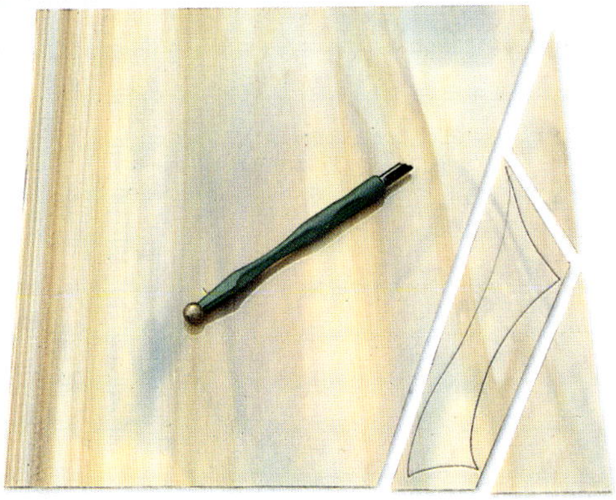

Kompliziert geformte Teile werden zunächst in einer Rohform von der Glasplatte getrennt.

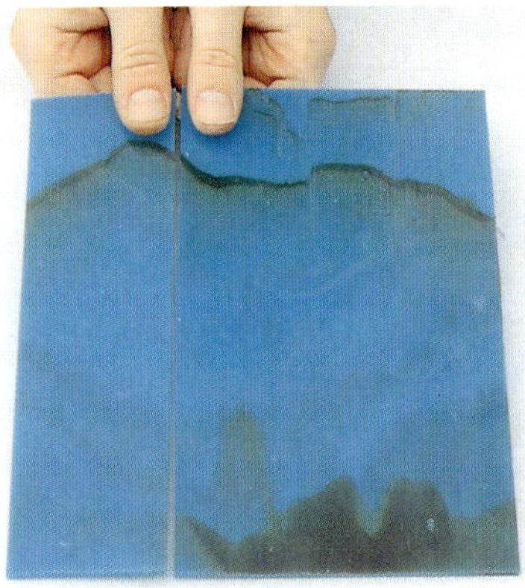

Üben Sie beim Glasbrechen nur mäßigen Druck aus.

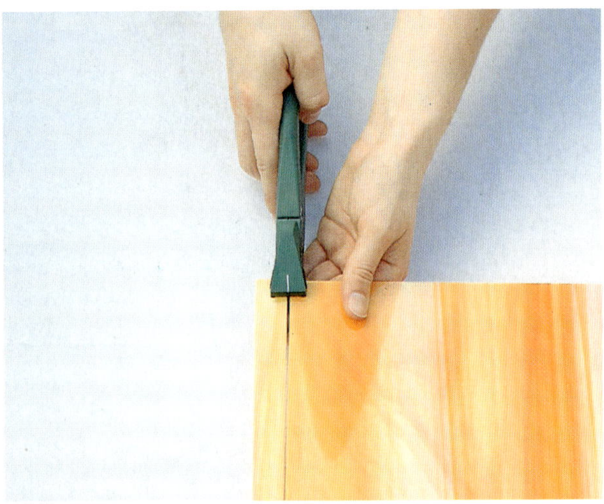

Lange Schnittlinien werden mit Hilfe der Glaslauf- oder Dreipunktzange gebrochen.

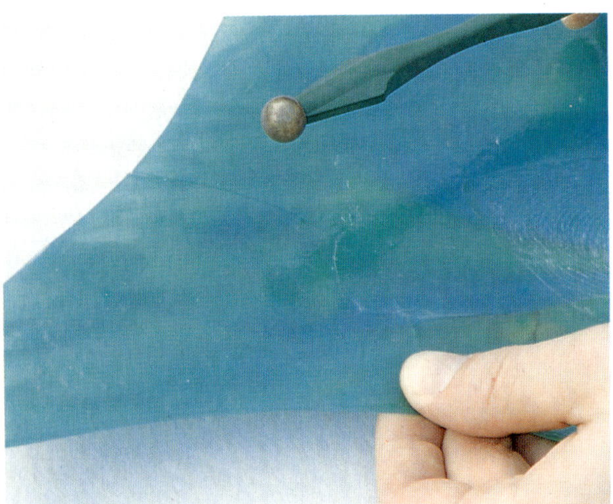

Das Glasklopfen sollten Sie zunächst an preiswertem Glas üben.

Das Brechen

Brechen Sie das Glas immer unmittelbar nach dem Schnitt, da dies bereits wenige Minuten später merklich schwerer wird. Die Technik des Glasbrechens orientiert sich an der Schnittform. Nur wenig geschwungene oder gerade Linien lassen sich leicht von Hand brechen. Greifen Sie dazu das Glasstück, wie auf der Abbildung ersichtlich, links und rechts der Schnittlinie mit Daumen und Zeigefinger (die Schnittlinie muß oben liegen) und knicken Sie die Seitenteile auf beiden Seiten nach unten.

Ist die Schnittlinie so lang, daß der von den Fingern ausgeübte Druck nicht mehr auf die gesamte Schnittlänge übertragen werden kann, müssen Sie mit der Glaslaufzange arbeiten. Eine der Backen dieser Zange besitzt zwei, die andere nur einen Auflagepunkt für das Glas, weshalb diese Zange auch als Dreipunktszange bezeichnet wird. Die Zange wird so an das Glas gesetzt, daß der einzelne Auflagepunkt der Zange genau der Schnittlinie gegenüberliegt. Wird nun mäßiger Druck auf die Zange ausgeübt, dann wirkt dieser Auflagepunkt wie ein Hebel, der den Schnitt von unter her durchbricht.

Kleine Glasstücke bieten den Fingern keinen ausreichenden Halt mehr. Hier kommt die Kröselzange zum Einsatz, mit deren Hilfe es möglich ist, auch noch wenige Millimeter breite Glasstreifen sicher zu greifen und zu brechen.

Sehr kurvenreiche Schnittlinien sind nur mit der Technik des sogenannten „Glasklopfens" zu brechen. Hierbei wird mit der Messingkugel des Glasschneiders von beiden Kanten zur Glasmitte hin fortschreitend die Schnittlinie von der Glasrückseite her sehr vorsichtig durchgeklopft. Diese Technik erfordert große Übung und Erfahrung im Umgang mit Glas. Bevor Sie sie also an teuren Gläsern einsetzen, sollten Sie sie unbedingt zunächst an preiswerten Glasresten erproben. Nach den ersten Versuchen mit Fenster- oder Buntglasresten sollte Ihnen das Ausschneiden der Glasteile für den Wandspiegel eigentlich keine Probleme mehr bereiten.

Das Schleifen

Kleine Ungenauigkeiten beim Glasschnitt lassen sich während des Schleifens leicht beseitigen. Bauen Sie die Glasschleifmaschine auf, füllen Sie sie mit Wasser und decken Sie alle spritzwasser- und glasstaubempfindlichen Glaskanten in Ihrer Nähe ab. Führen Sie dann die Glaskanten mit mäßigem Druck am Schleifkopf vorbei. Bei diesem Arbeitsgang sollten Sie so viel Material abschleifen, daß die vor dem Schneiden aufgezeichneten Linien abgetragen werden und das Glasteil dadurch etwa einen halben Millimeter kleiner ist, als es eigentlich vorgesehen war. Dies ist notwendig, da die Teile sonst nach dem Einfassen in die Kupferfolie zu groß würden.

Die Beschichtung des Spiegelglases ist sehr empfindlich. Es darf nur auf der unbeschichteten Seite liegend geschliffen werden. Die auf der Vorderseite aufgezeichneten Linien sind dabei natürlich nicht mehr sichtbar. Eine andere, etwas aufwendigere Methode ist daher häufig besser geeignet. Legen Sie hierzu zwischen die Auflage der Glasschleifmaschine und das Spiegelglas ein Stück eines Haushaltsschwammtuches. Nun können Sie das Spiegelglas, mit der beschichteten Seite auf dem Schwammtuch liegend, schleifen. Die beim Schleifen entstehenden Glassplitter können die Beschichtung nicht mehr beschädigen, da sie von dem Schwammtuch gebunden werden. Nach dem Schleifen sollten Sie den anhaftenden Glasstaub sofort von dem Spiegelglas entfernen, da er noch die Beschichtung angreifen könnte.

Nicht nur Glassplitter oder Schleifstaub, sondern auch das im Lötfett und Lötwasser enthaltene Zinkchlorid kann die empfindliche Spiegelschicht angreifen. Vor dem Einfassen der Spiegelstücke in die Kupferfolie muß sie deshalb von dieser Chemikalie geschützt werden. Einen sehr sicheren Schutz erhalten Sie, wenn Sie die Spiegelkanten mit Schellack bestreichen. Leider ist Schellack heute nur mehr schwer erhältlich. Sie können aber auf einen der vielen schnelltrocknenden farblosen Acryl-Lacke ausweichen. Mit ihm werden die Kanten des Glasstückes oder besser noch die gesamte Beschichtung besprüht. Allerdings sollten Sie auch hier zunächst testen, ob die im Lack enthaltenen Lösungsmittel nicht ihrerseits wieder die Beschichtung angreifen.

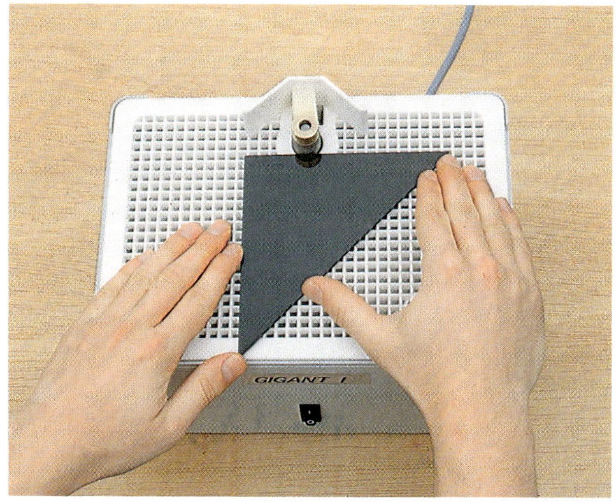

Spiegelglas wird entweder mit der Beschichtung nach oben...

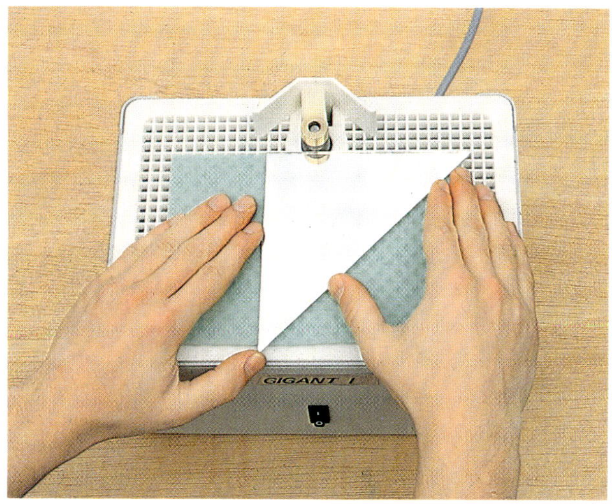

oder auf einer weichen Unterlage liegend geschliffen.

Da auf der Verpackung des Lackes die in ihm enthaltenen Lösungsmittel angegeben sind, können Sie sich hieran leicht orientieren. Die Spiegelbeschichtung wird in der Regel von Alkohol (Äthylalkohol), Toluol und Xylol nicht angegriffen. Dagegen reagiert sie auf Nitro (Nitrobenzol) und Aceton sehr empfindlich.

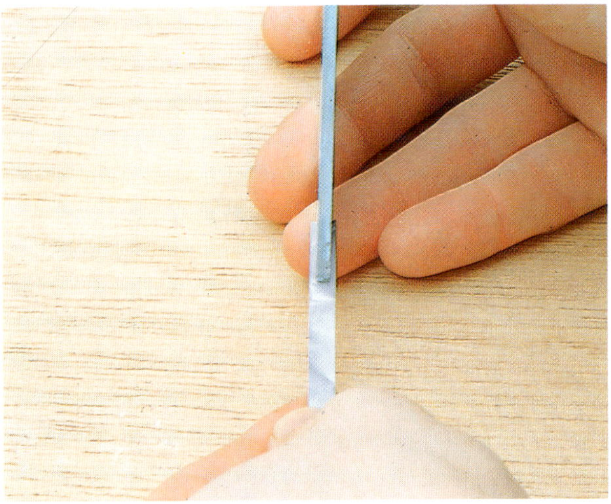

Das Glasstück wird genau in der Folienmitte aufgesetzt.

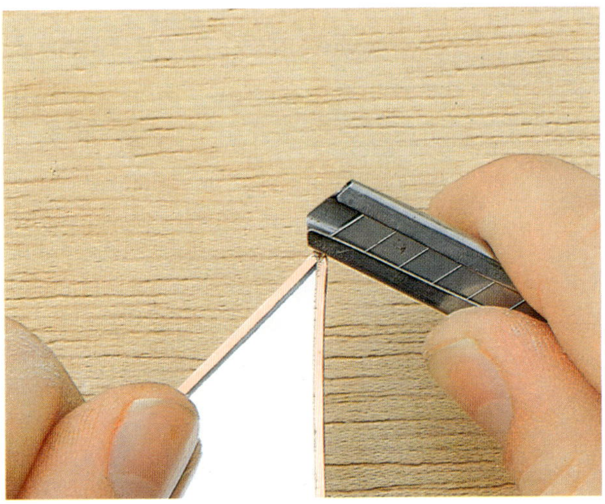

Die Kanten und Ecken werden sorgfältig geglättet.

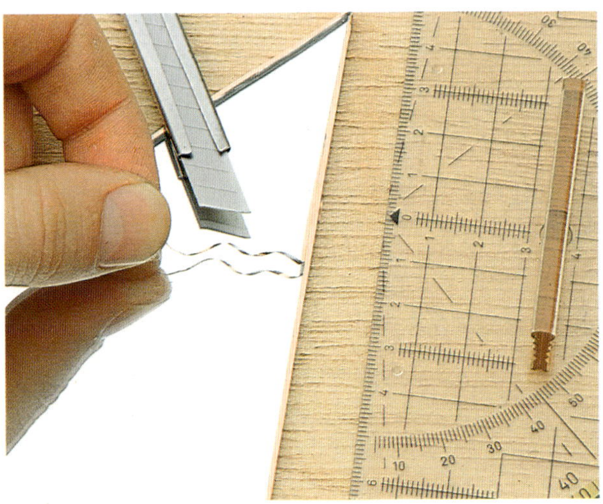

Zu breite Kupferstreifen können mit dem Papiermesser korrigiert werden.

Das Einfassen

Nachdem alle Teile geschliffen sind, sollten Sie diese zum Gesamtmotiv zusammenfügen. Nur so können Sie erkennen, ob zwischen den Glasteilen noch der benötigte ca. 0,5 mm große Zwischenraum für die Kupferfolie bleibt.

Ist der Lack auf den so behandelten Flächen getrocknet, können die Glasteile in Kupferfolie eingefaßt werden. Wenn Sie die Spiegelglasstücke mit der Kupferfolie bekleben, können Sie die Innenseite der Folie durch das Spiegelglas hindurch erkennen. Da die Lötnähte des Wandspiegels abschließend dunkel patiniert werden, sollten Sie zum Einfassen der Glasteile eine geschwärzte Kupferfolie verwenden, die bei einer Glasstärke von 3 mm 4,8 oder 5,6 mm breit sein sollte.

Von einem kleinen Stück wird nun die Schutzfolie abgezogen und das Glas genau in der Folienmitte aufgesetzt. Anschließend wird dieses Folienstück mit den Fingerspitzen leicht auf die Glaskante angedrückt.So wird das Glasteil Stück für Stück mit Folie umgeben und am Schluß das Folienende überlappend aufgeklebt.

Sitzt das Glas überall in der Mitte der Kupferfolie auf, wird mit dem Fingernagel, dem Gehäuse des Papiermessers oder einem anderen geeigneten Gegenstand fest angerieben. Dann wird die überstehende Folie links und rechts der Glaskante umgeknickt und ebenfalls angerieben. Die sich dabei an den Kanten bildenden Erhebungen müssen sorgfältig geglättet werden. Sollte bei Ihren ersten Arbeiten die Folie noch nicht ganz gleichmäßig aufgeklebt sein, so können Sie dies mit dem Papiermesser korigieren, indem sie überstehende, schmale Folienstreifen abschneiden.

Das Bekleben starker Innenkurven mit der Kupferfolie verlangt eine besondere Technik. Obwohl die Folie sehr dehnbar ist, würde sie beim Anreiben an das Glas reißen. Dies können Sie verhindern, indem Sie die Folie wie gewohnt auf die angeschliffene Bruchkante des Glases legen und dort fest anreiben. Dann werden die auf beiden Seiten überstehenden Folienstreifen mit leichten, streichenden Bewegungen abwechselnd immer

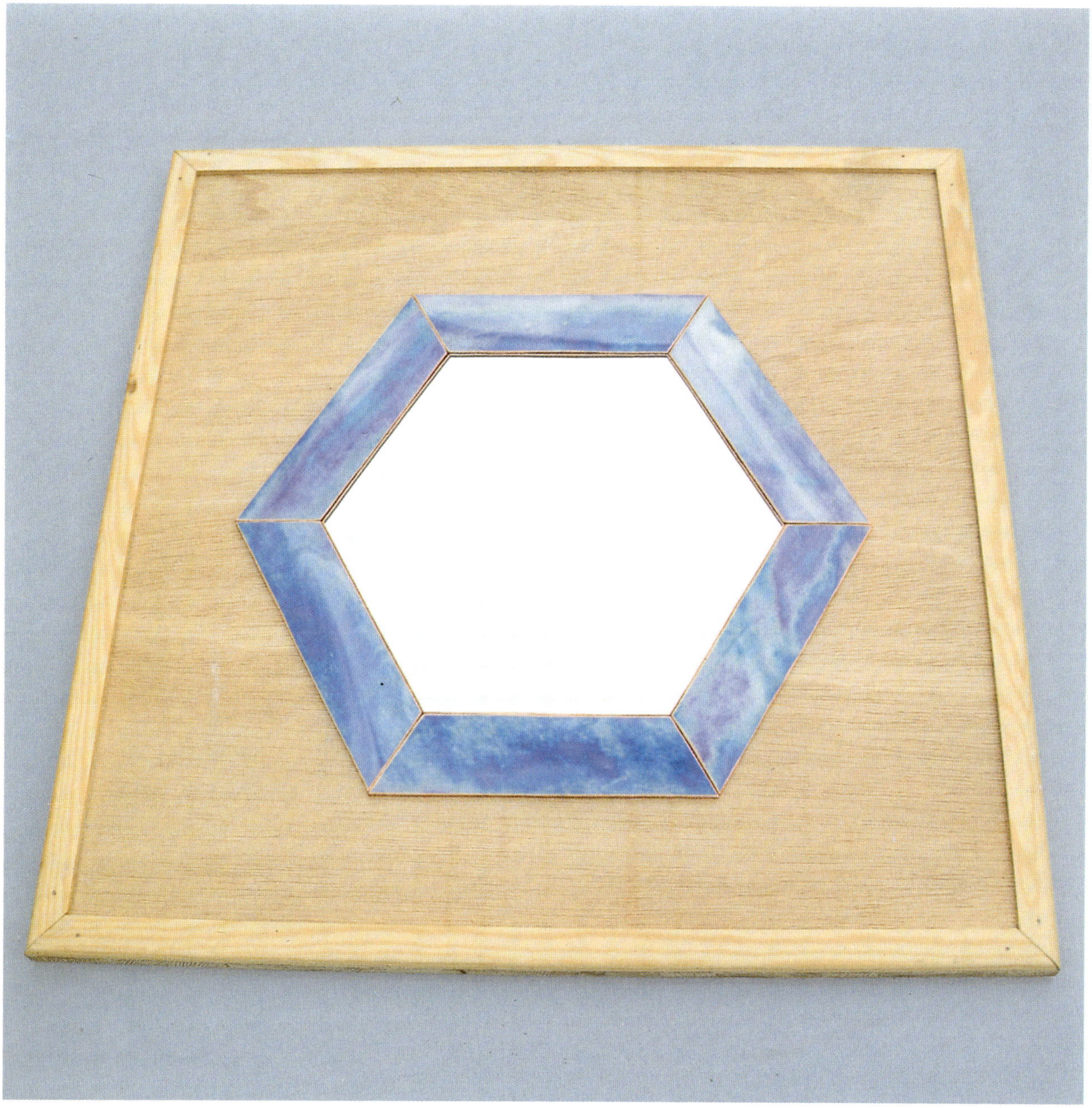

ein Stück weiter über die Glaskante geknickt. Wenn Sie dies sehr vorsichtig tun, können Sie auf diesem Wege auch noch sehr enge Innen-kurven sauber mit Folie belegen.

Das Löten

Sind alle Teile mit Kupferfolie eingefaßt, folgt als nächster Arbeitsschritt das Verlöten der Glasteile. Auch hierbei sollten Sie einige Grundregeln beachten.

1. Die Kupferfolie muß zunächst gleichmäßig mit Lötfett oder Lötwasser bestrichen werden. Da das Lötwasser eine vergleichsweise geringe Wirkung hat, sollten Sie bei Ihren Lötarbeiten Lötfett verwenden. Streichen Sie mit einem schmalen Pinsel die Kupferfolie gleichmäßig dünn damit ein.

2. Die höchste Festigkeit erhält eine Lötverbindung, wenn das Zinn in die Spalte zwischen den Folien fließen kann und nur so viel Zinn verarbeitet wird, wie zum Ausfüllen dieses Zwischenraumes notwendig ist.

3. Glas ist recht temperaturbeständig. Ein kurzer Kontakt mit dem heißen Lötkolben kann daher nicht zu einer Beschädigung führen. Wird das Glas allerdings längere Zeit der Hitze ausgesetzt, so kann es springen. Um dies zu vermeiden, sollten Sie zum einen immer mit einem wirklich ausreichend aufgehitzten Lötkolben arbeiten, mit dem sich das Zinn in wenigen Augenblicken verstreichen läßt. Zum anderen dürfen die Glasteile während des Lötens nicht ineinander verklemmt sein, sondern müssen locker nebeneinanderliegen.
   Haarfeine Spalten zwischen den Glasteilen sind unbedingt notwendig, da sich das Glas beim Erwärmen minimal ausdehnt. Besondere Vorsicht ist auch hier wieder beim Verarbeiten von Spiegelglasstücken geboten. Die empfindliche Spiegelbeschichtung kann durch die heiße Spitze des Lötkolbens leicht beschädigt werden, wenn sie mit ihr direkt in Verbindung kommt.

4. Die von Ihnen verarbeiteten Gläser werden selten völlig gleich dick sein. Damit bei einer unterschiedlichen Dicke der Gläser die fertige Tiffany-Arbeit dennoch eine ebene Oberfläche erhält, werden zunächst alle Glasteile auf der Vorderseite liegend auf einer ebenen Unterlage ausgebreitet und zum Gesamtmotiv zusammengefügt. Wenn sich alle Glasstücke wie die Teile eines Puzzles leicht zusammensetzen lassen, werden sie mit jeweils einem Tropfen Zinn punktverlötet (Abb. rechts oben). Eventuelle Fehlstellungen zwischen den Glasteilen können so noch leicht korrigiert werden. Dazu wird einfach der eine oder andere Lötpunkt wieder aufgeschmolzen, das Glasteil ein wenig verschoben und erneut fixiert.

5. Erst wenn alle Teile in der richtigen Position zueinander liegen, werden die Kupferfolien auf ihrer gesamten Länge miteinander verbunden. Wieder von der Rückseite her beginnend, werden zunächst die Spalten zwischen den Glasstücken vollständig mit Zinn gefüllt. Führen Sie dazu mit der einen Hand den Lötkolben am Rand des Glasteiles entlang und schieben mit der anderen die Lötzinnstange kontinuierlich nach. Arbeiten Sie nach Möglichkeit mit ruhigem Zug von einer Kante zur anderen.
   Ist nun auf der Rückseite die gesamte Kupferfolie verzinnt und die Spalten zwischen den Glasteilen mit Zinn gefüllt, wird die Vorderseite des Werkstückes fertiggelötet. Führen Sie dazu, wie bereits auf der Rückseite, die Spitze des Lötkolbens in einer ruhigen Bewegung über die Lötnähte und dabei mit der freien Hand das Lötzinn so schnell nach, daß sich eine gleichmäßig dicke, halbrunde Lötnaht bildet (Abb. rechts unten).
   Diese Technik erfordert einige Erfahrung. Es gibt allerdings auch hierbei einige Tricks:

   Wirft das Lötzinn an der Naht kleine Bläschen, die nach dem Erkalten zusammenfallen und unansehnliche, kleine Dellen hinterlassen, dann haben Sie unter der Zinnoberfläche eine kleine Luftblase eingeschlossen. Um sie zu entfernen, drücken Sie die Spitze des Lötkolbens bis zu dieser Luftblase in die Spalte zwischen den Glasteilen. Das Zinn wird dann die Luft verdrängen.
   Kühlt das Zinn in der Lötnaht zu schnell ab und erhält es aus diesem Grunde keine gleichmäßige Oberfläche, oder läßt sich das einmal erstarrte Lötzinn mit dem Lötkolben kaum noch schmelzen, dann kann dies mehrere Ursachen haben. Entweder haben Sie eine so große Zinnmenge in der Lötnaht verarbeitet, daß der Lötkolben deshalb überfordert ist, oder es hat sich auf dem heißen Zinn eine dünne Haut von Zinnoxid gebildet, die ein Schmelzen des Lötzinns verhindert.
   Im ersten Fall sollten Sie versuchen, einen Teil des Zinns wieder abzuschmelzen und zu entfernen und eine schmalere Lötnaht zu ziehen. Hat sich aber eine Oxidschicht auf dem Zinn gebildet, so läßt sich diese leicht entfernen, indem Sie mit dem Pinsel noch einmal etwas Lötfett auftragen.
   Tropft das Lötzinn zwischen den Glasstücken hindurch, so sind die Spalten zwischen den Glasteilen vermutlich wesentlich zu breit geraten. Versuchen Sie, diese breiten Spalten in mehreren „Etappen" mit Zinn zu füllen, indem Sie von der Spitze des Lötkolbens immer wieder kleine Mengen Zinn in die Spalten tropfen und erkalten lassen.

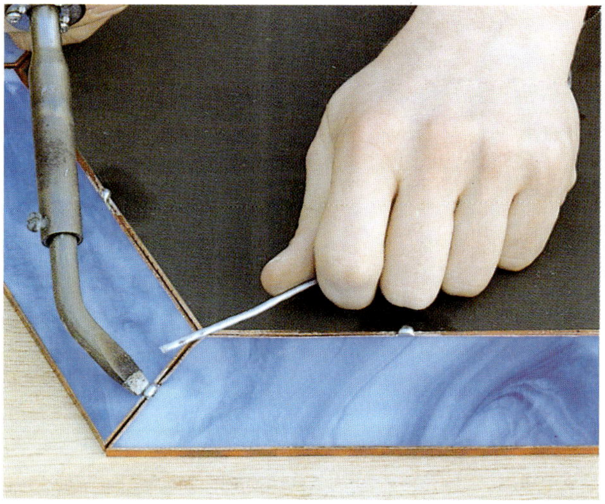

Zunächst wird der Spiegel auf der Rückseite punktverlötet (Abb. oben). Mit einer solchen Lötnaht können Sie bereits sehr zufrieden sein (Abb. unten).

6. Die Lötnähte dienen uns als eigenes Gestaltungselement und geben nicht zuletzt den Ausschlag über den Gesamteindruck einer Tiffany-Arbeit. So kann eine dicke, wulstige und vielleicht durch Zinntropfen verzierte Naht im einen oder anderen Falle, z. B. bei Gewächshäusern oder als Verzierung für Dosen und Schatullen, durchaus sehr interessant wirken. Bei Spiegeln und Fensterbildern sollten Sie auf solche dicken Nähte allerdings verzichten. Bei der Verarbeitung von Spiegelglas könnte die Spiegelschicht durch die von der größeren Zinnmenge ausgehende hohe Wärmebestrahlung beschädigt werden. Ein Fensterbild hingegen verliert durch dicke Lötnähte seine Leuchtkraft.

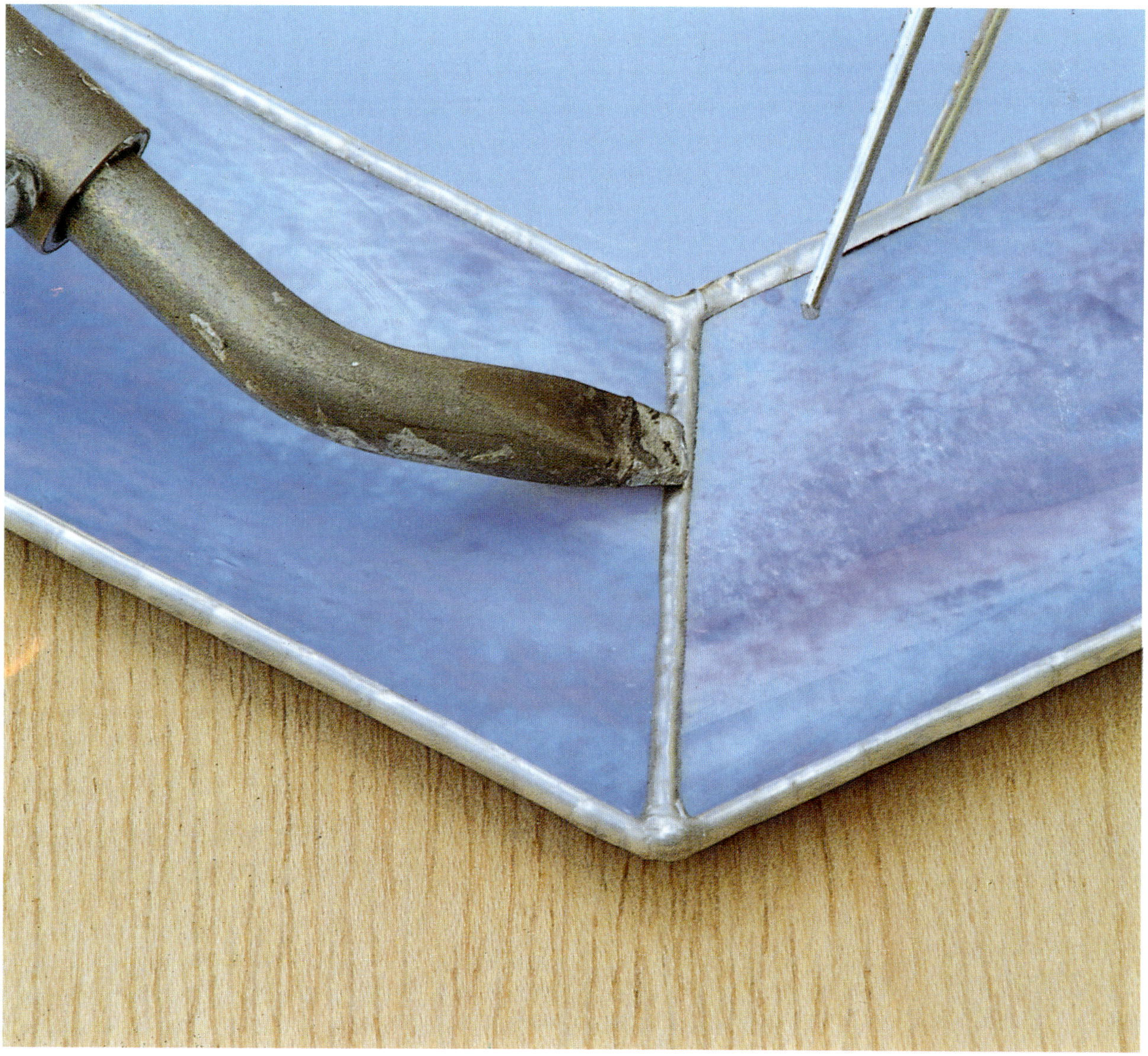

7. Was aber können Sie tun, wenn trotz aller Mühen die Glasteile ungenau miteinander verbunden sind und die begrenzte Heizleistung des Lötkolbens nicht mehr ausreicht, die Teile wieder voneinander zu trennen? Auch das ist kein Problem. Legen Sie das ganze Objekt auf einem Stück Aluminiumfolie in Ihren Backofen und erhitzen Sie es auf ca. 250 °C. Wenn das Zinn zu schmelzen beginnt, schieben Sie die Glasteile auseinander und lassen sie langsam abkühlen. Anschließend können Sie sie erneut miteinander verlöten.

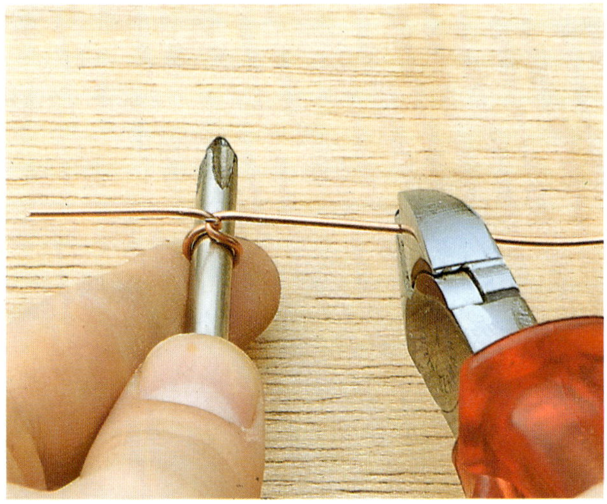

Die Ösen lassen sich liecht aus einem Stück kupferdraht herstellen (Abb. links).
Die Aufhängung wird dort angelötet, wo möglichst viele Lötnähte zusammentreffen (Abb. unten).

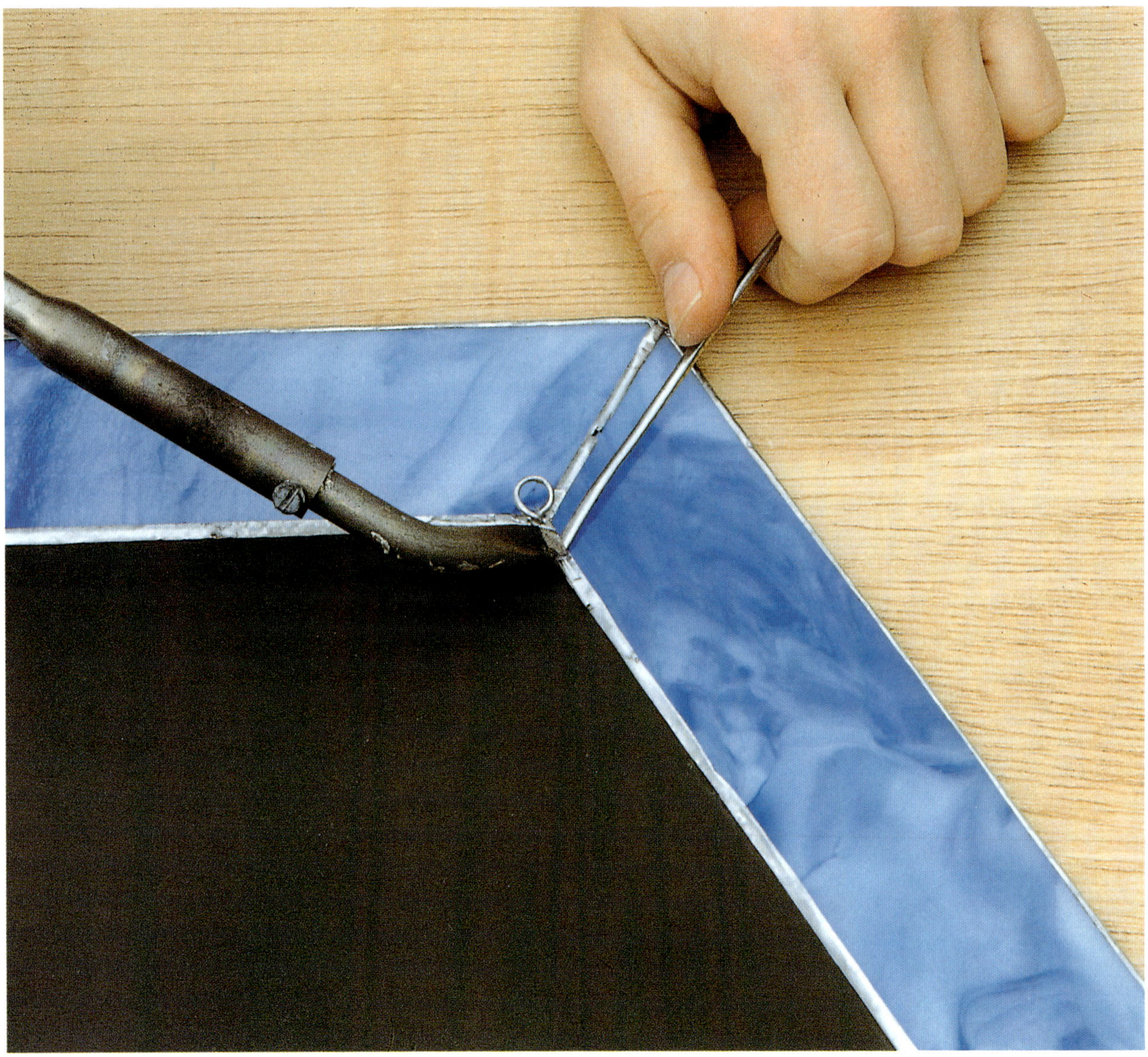

Sind alle Glasteile sauber miteinander verbunden und auch die äußeren Ränder mit einer dicken Schicht Zinn bedeckt, werden noch die Aufhängeösen angelötet, die Sie aus einem Stück Kupferdraht biegen können. Legen Sie dazu den Draht um einen dickeren Nagel oder einen ähnlich runden Gegenstand und verdrehen Sie die Enden des Drahtes miteinander. Die überstehenden Draht-Enden werden dann auf einer Länge von etwa 3 Zentimeter mit dem Saitenschneider abgetrennt und ein wenig aufgebogen (Abb. links oben).
Anschließend werden die Ösen mit Lötfett bestrichen und dünn verzinnt. Um die kleinen Teile auch während des Verzinnens sicher greifen zu können, ist die gebogene Spitzzange sehr hilfreich. So verarbeitet, lassen sich die Ösen problemlos an den Rand des Spiegels oder aber auch unsichtbar auf der Rückseite des Spiegels anlöten. In diesem Falle wird der Spiegel dann aber in der oberen Hälfte ein wenig von der Wand abstehen. Um dies auszugleichen, wird daher eine dritte Öse als Distanzstück in der unteren Hälfte des Spiegels befestigt. Achten Sie darauf, daß die Halterungen nur an solchen Stellen festgelötet werden, an denen die Nähte möglichst vieler Glasstücke zusammenlaufen, da der Spiegel dort besonders stabil und die angelötete Halterung daher sehr stark belastbar ist (Abb. links unten).

Das Reinigen

Der nun durch das Lötfett und die vielen Fingerabdrücke stark verschmutzte Spiegel muß vor dem Patinieren der Lötnähte erst einmal sehr gründlich gereinigt werden, damit die Patinierflüssigkeit einwirken kann. Legen Sie dazu eine Plastiktüte oder -folie auf die Arbeitsplatte und darauf dann das Werkstück. Wenn Sie zur Umrahmung des Spiegels ein Glas mit irisierender Oberfläche verwandt haben, sollten sie zunächst an einem Reststück dieses Glases prüfen, ob seine Oberfläche durch starkes Abreiben mit Reinigermilch oder Scheuerpulver beschädigt wird. In diesem Falle müssen Sie dann anstelle des Reinigungsmittels ein angefeuchtetes Feinwaschmittel verwenden. Tragen Sie die Reinigermilch oder das feuchte Scheuerpulver großzügig zunächst auf der Rückseite des Spiegels auf und reiben Sie mit einem kleinen Stück eines Haushaltsschwammes die gesamte Oberfläche der Lötnähte ab, die am Ende der Reinigung eine matt-silberne Farbe haben und keine dunklen Flecken mehr aufweisen sollten. Schwer zugängliche Ecken und Kanten lassen sich mühelos reinigen, wenn Sie das Reinigungsmittel an diesen Stellen mit einem schmalen Pinsel auftragen.

Nachdem Sie in gleicher Weise die Vorderseite und die Außenkanten abgerieben haben, wird das Werkstück unter fließendem Wasser (am besten unter der Dusche) gründlich von dem Reinigungsmittel gesäubert. Von nun an bis zum Ende des Patinierens sollten Sie die Lötnähte nur noch mit völlig sauberen Fingern berühren, da bereits kleinste Fettspuren auf dem Zinn die Patina an dieser Stelle nicht mehr wirken lassen.

Das Patinieren

Die Patina wird immer unmittelbar nach dieser ersten Reinigung aufgetragen. Legen Sie den Spiegel auf eine neue, saubere Plastiktüte und tupfen sie mit etwas Küchenkrepp das Glas trokken. Dann wird mit einem Pinsel die Patinaflüssigkeit auf die vorderen und seitlichen Lötnähte aufgetragen. Bleibt dabei die eine oder andere Stelle zinnfarben, so haben Sie die Lötnaht dort noch nicht ausreichend gereinigt. Dies können Sie aber leicht nachholen, indem Sie diesen Bereich noch einmal intensiv mit einem Reiniger nach-

Mit einem schmalen Pinsel wird die Patina aufgetragen.

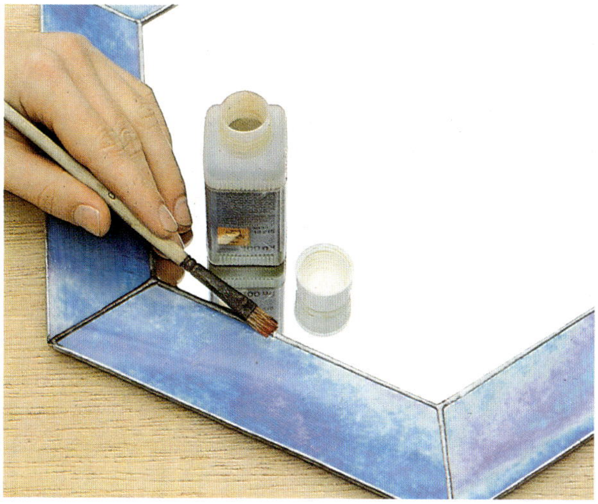

behandeln. Bei besonders hartnäckigen Verschmutzungen hilft manchmal auch die Zugabe von einigen Tropfen Aceton zum Reiniger. Vergessen Sie aber nicht, auch dieses Reinigungsmittel wieder gründlich abzuspülen, bevor Sie mit dem Patinieren fortfahren.

Wenn Sie einmal einer Ihrer Arbeiten ein wirklich antikes Aussehen verleihen möchten, sollten Sie vielleicht das folgende, etwas aufwendigere Verfahren versuchen. Tragen Sie auf die gereinigten Lötnähte Kupferpatina auf, bis alle Nähte mit einer dünnen Kupferschicht überzogen sind. Dann tragen Sie mit einem Pinsel über mehrere Tage hinweg immer wieder einmal etwas Essig auf die verkupferten Nähte auf. Sie werden feststellen, daß sich schon nach recht kurzer Zeit ein dünner Grünspanüberzug bildet, der gerade Spiegel und Lampen besonders edel und wertvoll wirken läßt.

Kupferfarbene Patina besteht aus einem dünnen metallischen Kupferüberzug, der sich chemisch sehr fest mit dem Zinnuntergrund verbunden hat. Daher läßt sich die Kupferpatina im Gegensatz zur schwarzen Patina, die mit etwas Scheuerpulver schnell wieder abgerieben ist, kaum mehr vollständig entfernen.

Sind alle Nähte zu Ihrer Zufriedenheit gefärbt, wird der Spiegel unter fließendem Wasser sofort wieder gründlich abgespült und somit der Rest der sauren Patinaflüssigkeit entfernt. Anschließend werden mit einem weichen Tuch und etwas Fensterputzmittel die letzten Verunreinigungen beseitigt. Noch einige kleine Tips zur Reinigung Ihrer Tiffany-Arbeiten:

An den Lötnähten treten manchmal nach längerer Zeit (1–2 Monaten) kleine Mengen des Klebstoffes in der Form häßlicher Ausblühungen hervor. Es ist daher sinnvoll, die abschließende und endgültige Reinigung einer Tiffanyarbeit erst etwa 2 Monate nach einer gründlichen „Vorreinigung" durchzuführen;

Ist eine Glasarbeit stark durch Teer- und Nikotinablagerungen aus der Luft verschmutzt, so können Sie sie leicht mit etwas Fensterputzmittel reinigen. Auch hier wirken einige Tropfen Aceton oft Wunder. Wie beim Abstauben Ihrer Tiffanyarbeiten sollten Sie auch für diese Arbeit ein nicht flusendes oder Fäden ziehendes Tuch verwenden. Besonders Fensterleder ist für diesen Zweck sehr gut geeignet;

Sofern Sie eine Spülmaschine besitzen, können Sie Ihre Tiffany-Arbeiten übrigens durchaus in dieser reinigen lassen. Nur bei sehr empfindlichen Konstruktionen ist etwas Vorsicht geboten. In allen anderen Fällen werden die Lötnähte und das Glas intensiv und dabei so schonend gereinigt, wie es von Hand kaum möglich wäre. Für die oben angesprochene erste Grundreinigung ist die Spülmaschine allerdings nicht geeignet, da das Lötfett in Verbindung mit dem Spülmaschinenreiniger schwerlösliche weiße Beläge auf dem Glas bildet;

Wenn Sie nach dem Reinigen gewöhnliches Auto-Hartwachs auf die Lötnähte und das Glas auftragen und nach kurzer Trockenzeit mit Politurwatte wieder entfernen, werden die Lötnähte besonders glänzend und farbintensiv und die Glasflächen staubabweisend.

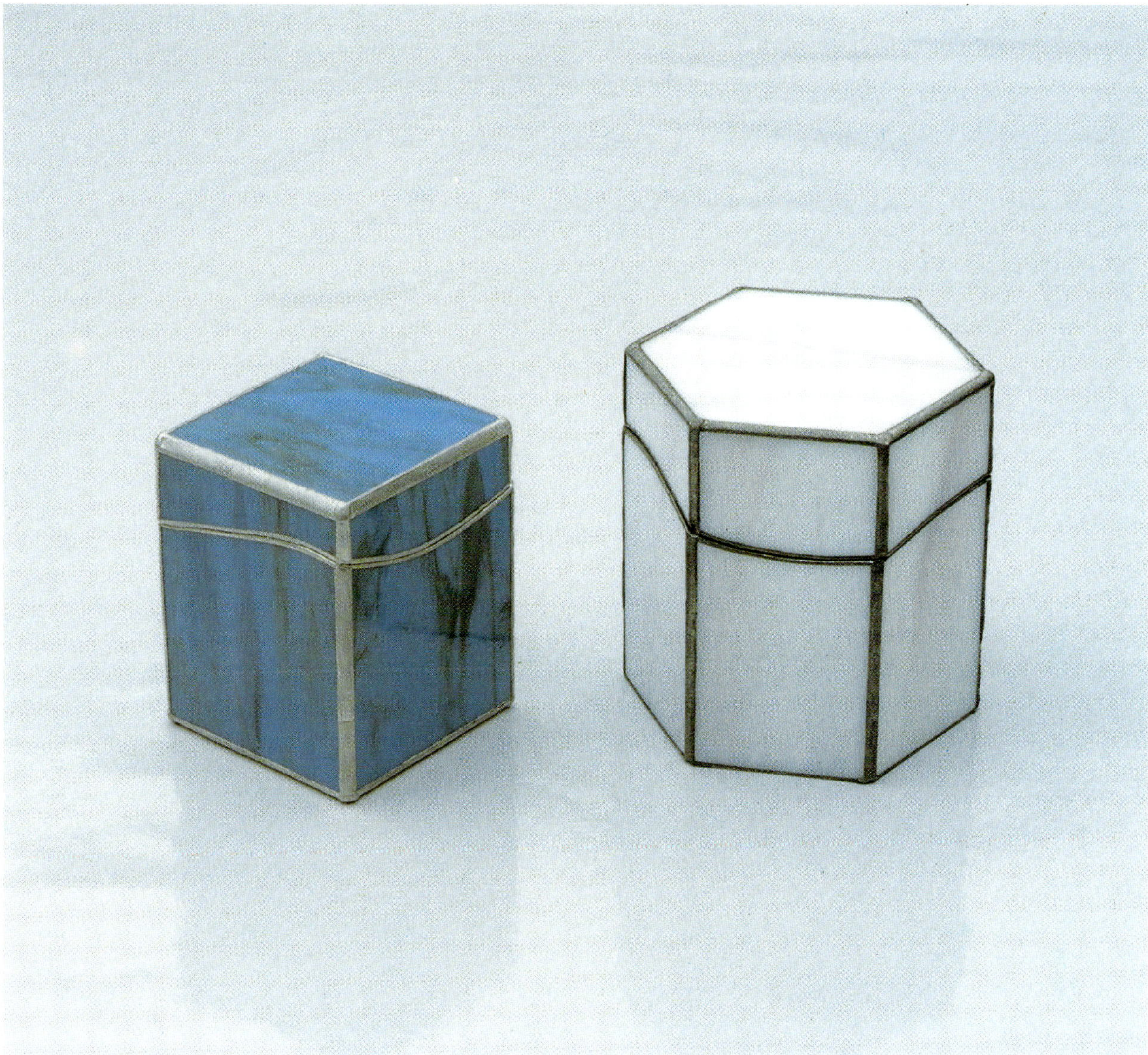

Modell II: Tischdose

Nachdem Sie sich nun bereits die wichtigsten Grundlagen der Tiffany-Technik angeeignet haben, wird es Ihnen keine Schwierigkeiten mehr bereiten, einfachere Spiegel mit geraden Seiten nach Ihren eigenen Entwürfen herzustellen. Als Anregung kann die eine oder andere Abbildung auf den folgenden Seiten dienen. Wenn Sie sich im Umgang mit den Werkzeugen schon recht sicher fühlen, können Sie sich aber auch mit großen Schritten an schwierige Modelle heranwagen. Die nun folgende Anleitung beschreibt den Bau einer vielseitig verwendbaren Tischdose. Obwohl auch diese Tischdose noch aus Glasteilen von einfacher geometrischer Form mit nur weniger geschwungenen Linien zusammengesetzt ist, tauchen durch die Räumlichkeit des Objektes doch Probleme auf, wie sie beim Bau des flachen Wandspiegels nicht aufgetreten sind. Im folgenden Kapitel werden diese Probleme angesprochen und aufgezeigt, wie Sie diese auf einfachem Wege lösen können.

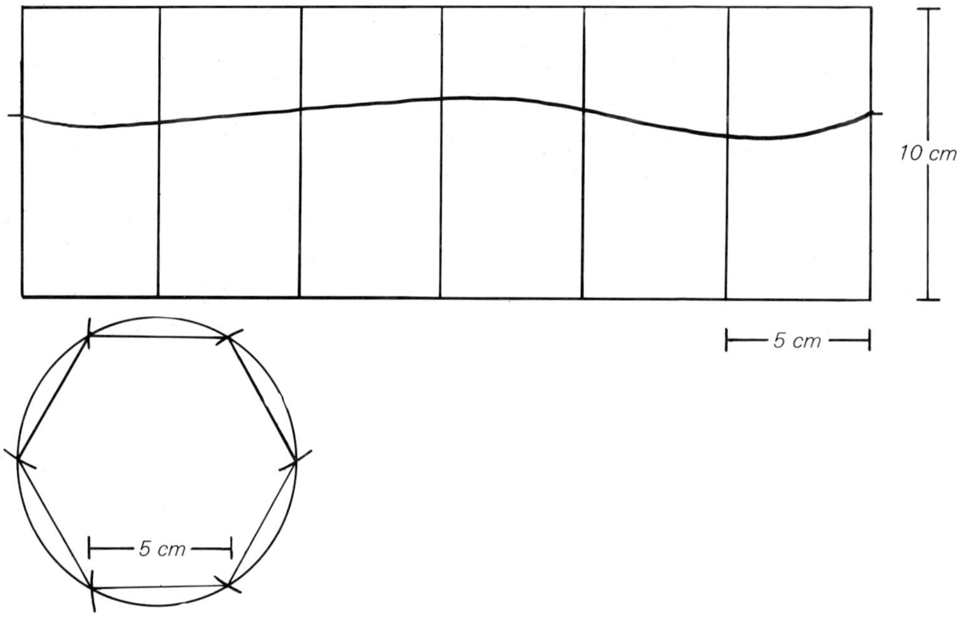

Arbeitsvorbereitung

Die zeichnerische Konstruktion der Tischdose ist wieder recht unkompliziert. Falls Sie sich für das viereckige Modell entschieden haben, können Sie alle Teile mit dem Geometriedreieck direkt auf das Glas aufzeichnen. Wollen Sie das sechsseitige Modell nacharbeiten, sollten Sie, wie bereits beim Wandspiegel, zunächst mit dem Zirkel auf einem Stück Kartonpappe ein Sechseck von 5 cm Seitenlänge konstruieren, ausschneiden und die Umrisse dieser Schablone als Deckel und Boden der Dose zweimal auf das Glas übertragen.

Anschließend werden die sechs Seitenteile mit dem Geometriedreieck wieder direkt auf das Glas aufgezeichnet. Damit der Deckel am Ende genau auf die Dose paßt, werden alle Seitenteile nebeneinander liegend gezeichnet und am rechten und linken Rand eine Markierung in gleicher Höhe angebracht. Ziehen Sie jetzt von der einen zur anderen Markierung eine sanfte geschwungene Wellenlinie. Wenn Sie anschließend exakt entlang dieser Linie das Glas schneiden und brechen, werden die Teile auch nach dem Verlöten wieder genau ineinandergreifen und die Dose dicht schließen.

Das Schneiden und Brechen

Bevor Sie das Schneiden von Kurven an dem Werkstück versuchen, sollten Sie jedoch auch diese neue Technik erst einmal an Reststücken von Buntglas oder Fensterglas einüben. Da sich längere geschwungene Schnittlinien kaum mehr von Hand brechen lassen, müssen Sie von der Rückseite her mit dem Messingkopf des Glasschneiders durchgeklopft werden. Halten Sie dazu das Glas so gegen eine Lichtquelle, daß Sie von der Rückseite her die Schnittlinie auf der Vorderseite erkennen könne. Wenn Sie an die Stelle klopfen, die der Schnittlinie gegenüberliegt, können Sie sehen, daß das Glas, genau der Schnittlinie folgend, einen Sprung bekommt. Wenn Sie sich von den Glaskanten ausgehend zur Mitte hin vorarbeiten, sollten die Sprünge in der Mitte des Glasstückes zusammentreffen und die Glasstücke nur leicht mit einer mehr ziehenden als knickenden Bewegung voneinander zu trennen sein.

Noch ein kleiner Tip: Vermeiden Sie es, mit der Messingkugel auf eine Stelle im Glas zu schlagen, die der Sprung im Glas schon erreicht hat. Die unbeschädigte Oberfläche des Glases hält dem Klopfen mühelos stand. Von der durch einen Sprung beschädigten Oberfläche jedoch können sehr leicht weitere Sprünge in andere Richtungen ausgehen, die die Glasplatte splittern lassen können.

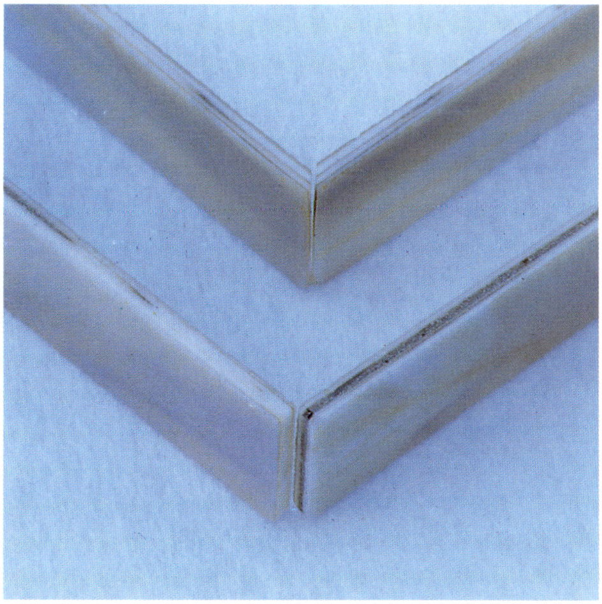

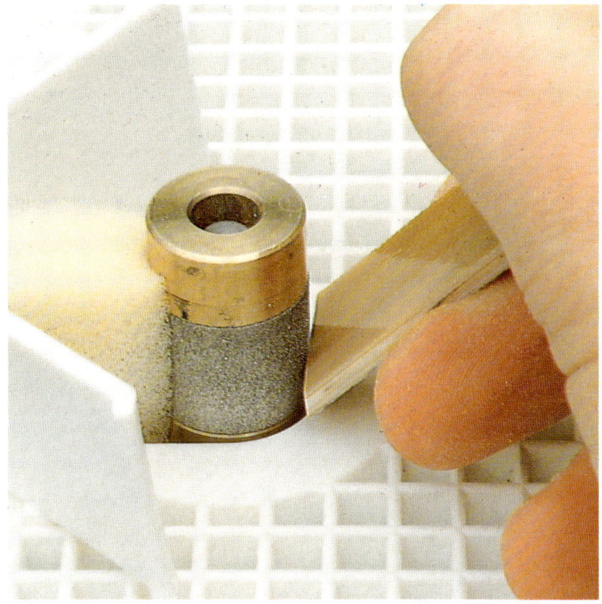

Das Schleifen

Beim Schleifen der Glasteile für die Dose müssen Sie sich mit einigen Problemen beim Bau räumlicher Motive auseinandersetzen.

Die erste Schwierigkeit besteht darin, daß zwischen zwei Glasplatten von je 3 mm Dicke, die im rechten Winkel aneinandergesetzt sind, eine Lücke von über 4 mm entsteht, die später mit Lötzinn ausgefüllt werden muß. Selbst wenn man davon absieht, daß hierfür unnötig große Mengen Zinn verbraucht werden, kann eine solche Lötnaht auch aus optischen Gründen nicht zufriedenstellen. Rechnet man nämlich zu der über 4 mm breiten Spalte noch die Breite der ungefalzten Kupferfolie links und rechts hinzu, ergibt sich eine Breite der Lötnaht von 7–10 mm.

Ein so auffälliger Zinnstreifen wirkt natürlich sehr störend. Daher werden die Kanten aller Glasteile in einem Winkel so angeschliffen, daß sie zusammenpassen, ohne breite Spalten zu bilden. Nach dem Verlöten entstehen hierdurch unauffällige, wesentlich zierlichere Lötnähte, die sich harmonisch in die Linienführung des Objektes einfügen.

Das Anschleifen der Glaskanten ist nicht schwer. Zuerst werden alle Bruchflächen der flach auf dem Schleiftisch liegenden Glasstücke am Schleifkopf entlanggeführt, um die beim Durchklopfen immer entstehenden Unebenheiten zu entfernen. Nachdem Sie die Teile abgetrocknet haben, werden mit dem Folienschreiber alle Kanten markiert, die mit den Kanten anderer Glasstücke in einem spitzen Winkel zusammentreffen. Die markierten Kanten werden dann mit mäßigem Druck im Winkel von 45° abgeschliffen.

Achten Sie darauf, daß Sie über die gesamte Kantenlänge hinweg etwa gleich viel Material abtragen. Schnell kommt es vor, daß man in der Mitte des Glases wesentlich mehr Glas abschleift als an den Ecken. Bevor Sie zum nächsten Teil übergehen, sollten Sie die angeschliffene Kante des bearbeiteten Glasstückes immer erst an eine glatte Fläche halten und auf diesem Wege die Genauigkeit des Schliffes überprüfen.

Für Dosen und ähnliche Objekte sollte man natürlich Gläser verarbeiten, die kaum oder gar nicht durchsichtig sind. Diese Gläser können mit der preiswerten, unbeschichteten Kupferfolie eingefaßt werden, da die Innenseite der Folie hier nicht zu erkennen ist. Um die Kupferfolie auch auf den schrägen Kanten schnell und exakt anreiben zu können, sollten Sie folgendermaßen vorgehen: wie gewohnt, wird die Folie zunächst in kleinen Schritten rundherum auf die gereinigte und trockene Bruchkante des Glases aufgesetzt und leicht

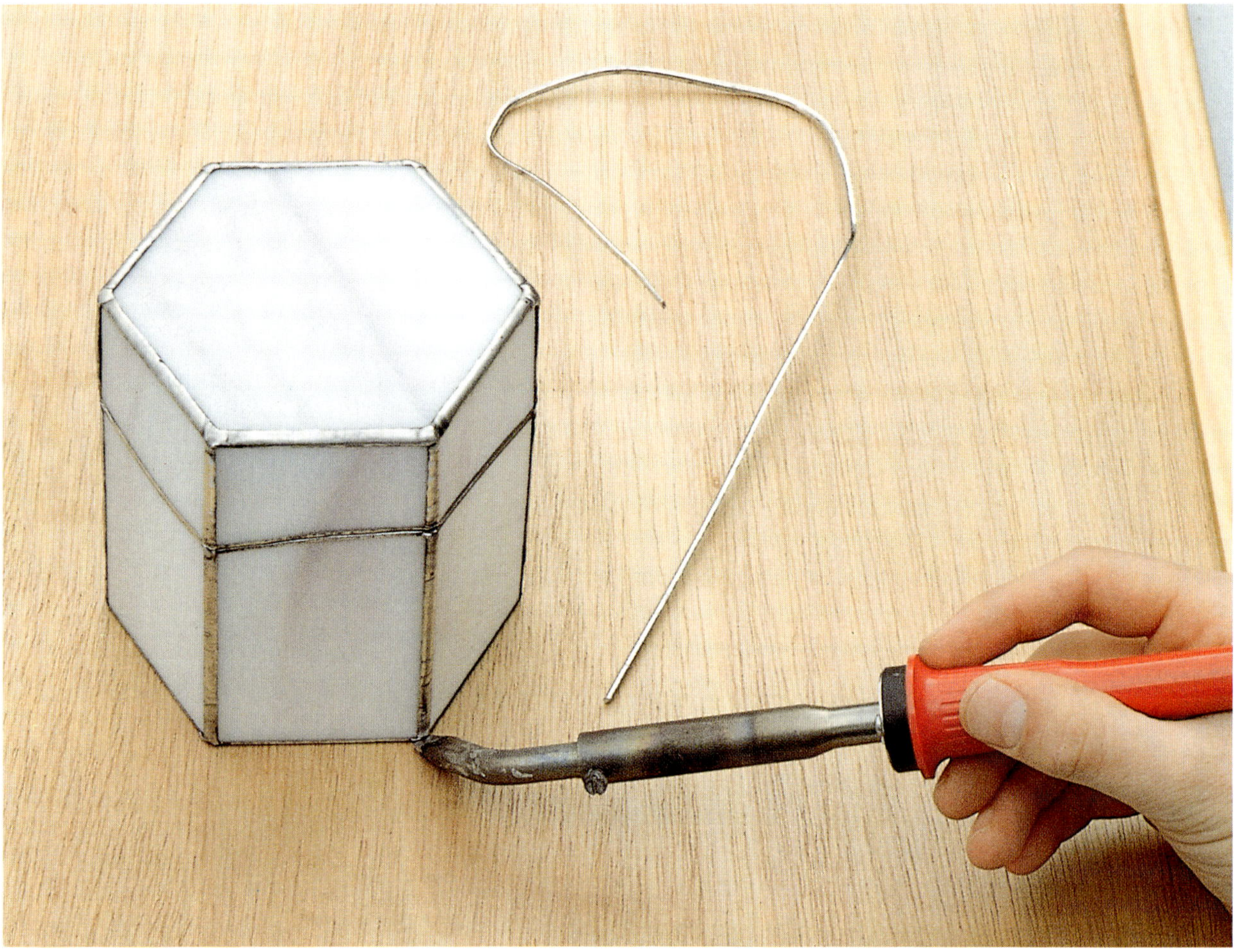

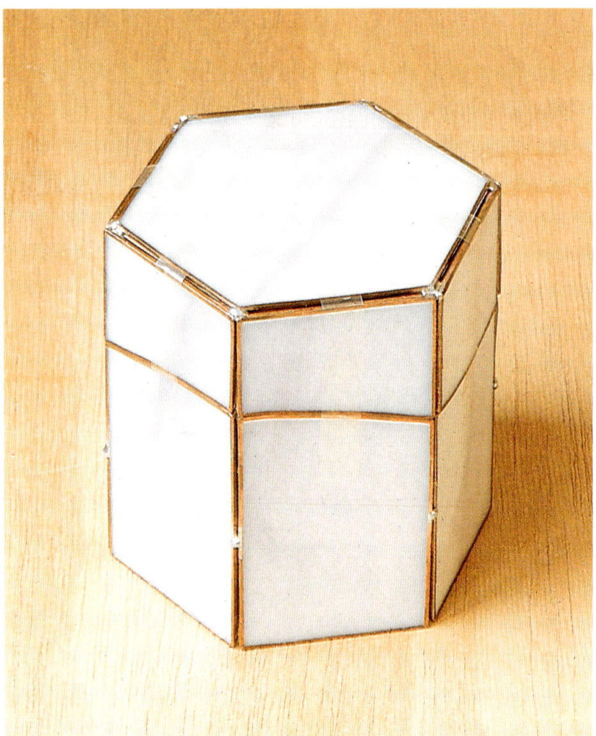

Sind die Teile der Tischdose mit Klebeband fixiert, werden sie punktverlötet (Abb. links).
Mit der Spitze des Lötkolbens wird jeweils ein Zinntropfen an drei Ecken der Tischdose gegeben (Abb. oben).

mit den Fingerspitzen angedrückt. Sitzt die Kupferfolie richtig, wird sie erst einmal auf dieser Kante angerieben. Als nächsten Schritt knicken Sie die überstehenden Folienstreifen auf der Außenseite des Motivs um und reiben sie an. Erst jetzt wird die Folie über die Schrägung geknickt und auf der geschliffenen Kante festgerieben.

Das Löten

Das Verlöten der einzelnen Glasteile miteinander bringt auch Schwierigkeiten mit sich, da es Ihnen kaum gelingen wird, mit einer Hand den Lötkolben und mit der anderen zwei oder auch drei Glasstücke sicher und genau im richtigen Winkel zueinander festzuhalten und gleichzeitig auch

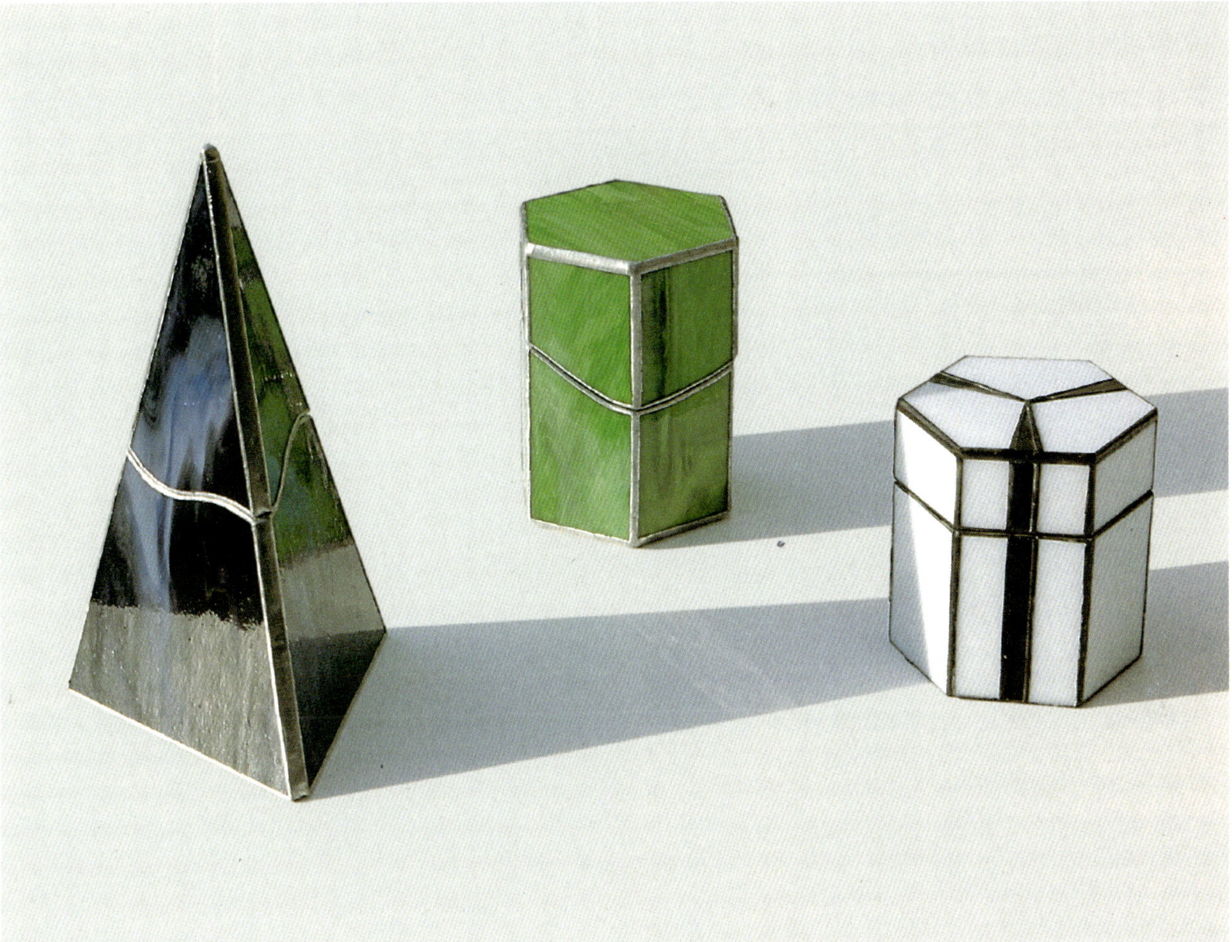

noch das Lötzinn nachzuführen. Außerdem müssen Sie beim Verlöten auch darauf achten, daß die zueinander gehörenden Seitenteile am Deckel- und Bodenteil der Dose genau ineinandergreifen, da der Deckel sonst nicht fest abschließen wird.

Um diese Probleme zu umgehen, werden zunächst die zusammengehörigen Seitenteile mit Klebestreifen in genau der Lage miteinander fixiert, in der sie sich auch vor dem Auseinanderbrechen befunden haben. Erst wenn die Position der Seiten wie auch die des Boden- und Deckelteils zueinander stimmt, werden die Teile mit dem Lötkolben wieder punktverlötet. Nachdem die Klebefolie entfernt ist, können dann die Nähte zunächst wieder von der Rück-, später von der Vorderseite her, fertiggelötet werden.

Sind die Lötnähte am Boden der Dose nicht exakt gleich hoch, wird die Dose wackeln. Mit einem kleinen Trick läßt sich das leicht vermeiden. Die Grundidee dabei ist, daß Gegenstände niemals wackeln können, wenn sie auf nur drei Punkten stehen. Daher sollte auch ein vier- oder sechseckiger Gegenstand so zusammengelötet werden, daß er am Ende nur auf drei Punkten steht. Stellen Sie dazu die Dose auf die Arbeitsplatte und geben Sie mit der Spitze des Lötkolbens jeweils einen kleinen Zinntropfen an drei Stellen des Objekts. Dadurch, daß die Dose dabei auf einer ebenen Unterlage ruht, bilden sich die benötigten drei Auflagepunkte in gleicher Höhe.

Falls Ihnen die Farbe der Zinnähte nicht gefällt, können Sie sie natürlich wieder patinieren. Wollen Sie sie allerdings zinnfarben lassen, dann sollten Sie sie beim Reinigen entweder besonders intensiv mit Scheuerpulver abreiben, um ein matt-silberne Oberfläche zu erzielen, oder aber sehr sanft mit einer Reinigungsmilch behandeln, um sie anschließend mit einem nicht flusenden Baumwolltuch auf Hochglanz polieren zu können.

Modell III: Blumenampel

Arbeitsvorbereitung

Ein weiteres dreidimensionales Objekt, das wegen seiner geraden Schnittlinien für Sie nun schon sehr leicht nachzubauen sein dürfte, ist diese dekorative Blumenampel. Für ihren Bau benötigen Sie folgende Glasteile:

- 6 Rechtecke von 12,5 cm x 5 cm,
- 12 Teile von 5 cm Breite, eine Seite 12,5 cm, die gegenüberliegende 9,5 cm lang,
- 6 Teile von 4,5 cm Breite, eine Seite 9,5 cm, die gegenüberliegende 5 cm lang.

Sie können entweder alle Teile aus einfachem Fensterglas arbeiten oder aber für die Bodenteile ein dunkles Opalescentglas verwenden. Damit Sie später leichter erkennen können, ob die Blumenerde in der Ampel noch feucht ist, sollten Sie zumindest das nach unten gerichtete, rechteckige Teil aus Fensterglas herstellen.

Arbeitsablauf

Wie bereits bei der Tischdose, werden auch hier wieder alle Glaskanten, die mit anderen Glaskanten im Winkel zusammentreffen, schräg angeschliffen. Die Nähte zwischen den Glasstücken werden dadurch nicht nur schmaler, sondern auch wesentlich stärker belastbar. Gerade bei Blumenampeln sollten Sie die Kräfte, die später auf die Nähte einwirken, nicht unterschätzen. Sind die Pflanzen erst einmal gut angewachsen, dann erreicht eine Blumenampel schnell ein Gewicht von 5 Kilogramm oder noch wesentlich mehr. Diese große Belastung wirkt am stärksten auf die Aufhängeösen des Gewächshauses ein, weshalb Sie sie besonders solide in der Ampelkonstruktion verankern müssen.

Aus einem mindestens 1 mm dicken Kupferdraht wird ein Ring mit kleinem Durchmesser gebogen. Auf beiden Seiten dieses Ringes soll ein mehrere Zentimeter langes Drahtstück abstehen. Nachdem dieser Kupferrring verzinnt ist, wird er an einem Eckpunkt der Blumenampel angesetzt und die abstehenden Drahtenden auf ihrer ganzen Länge mit der Blumenampel verlötet. Sie sollten es sich dabei zum Grundsatz machen, daß die Befestigung einer Blumenampel so stabil sein muß, daß sie auch das doppelte des geschätzten Gewichtes tragen kann.

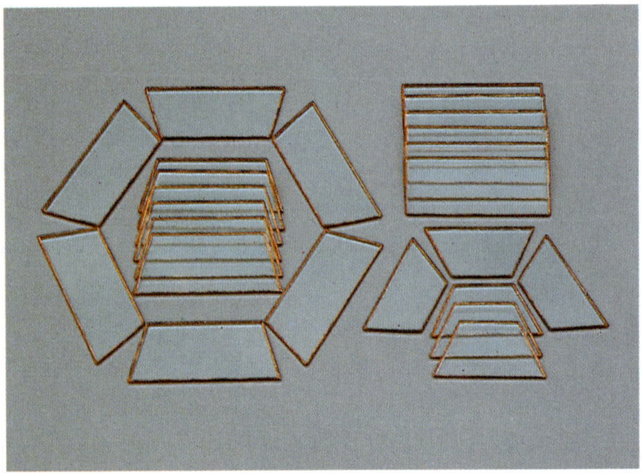

Alle Teile der Blumenampel im Überblick.

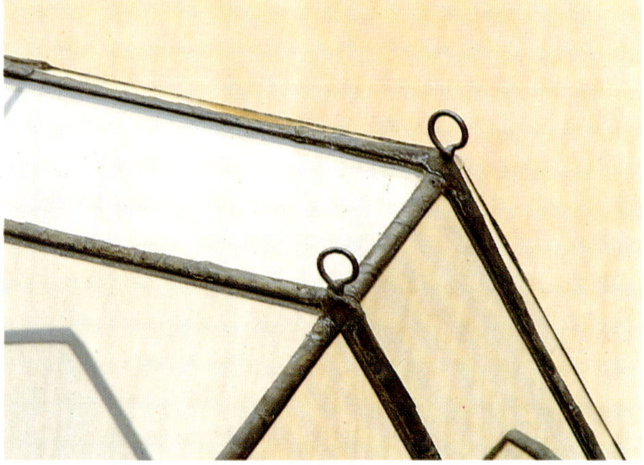

Nach dem Patinieren der Blumenampel fällt die stabile Aufhängekonstruktion kaum mehr auf.

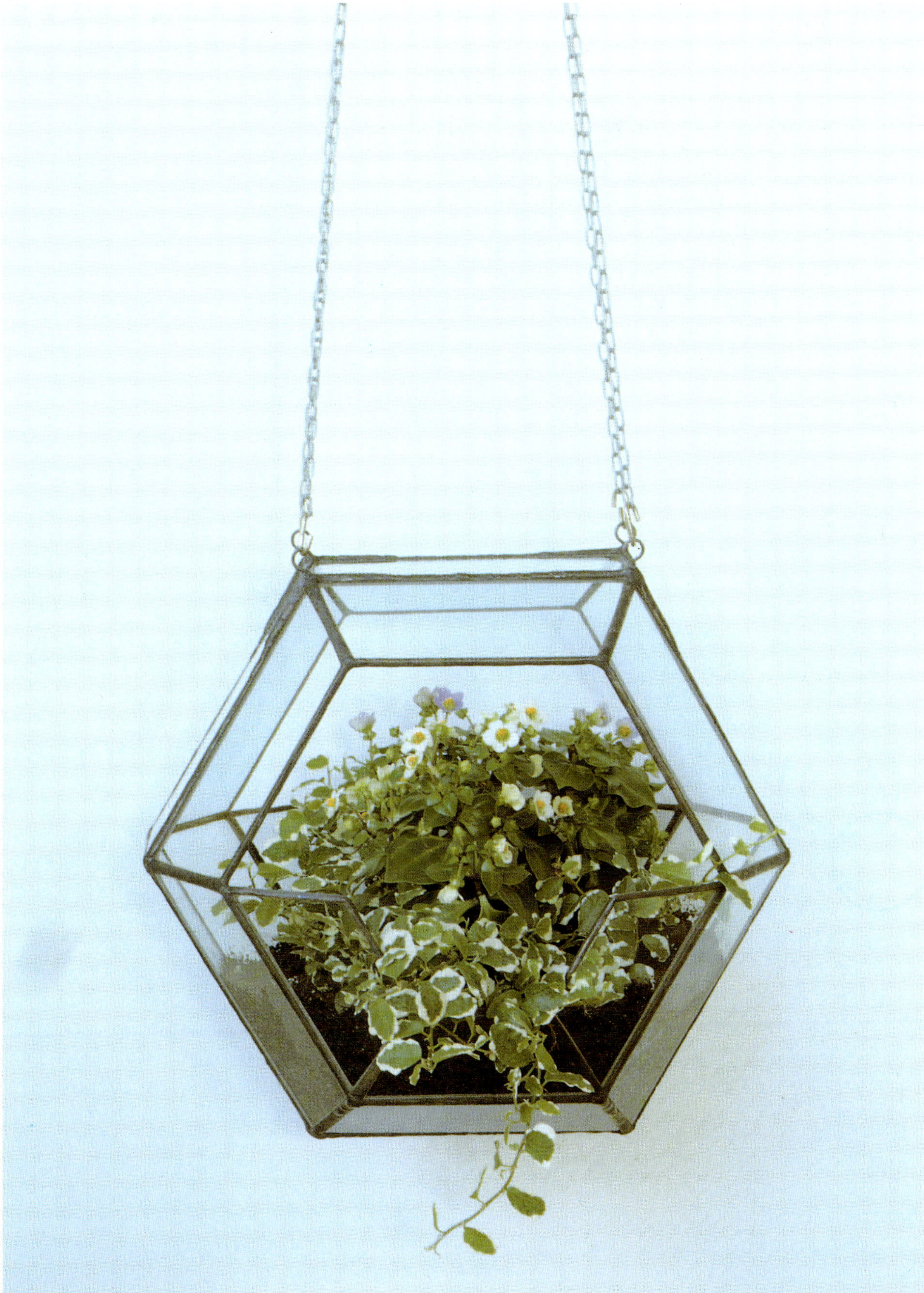

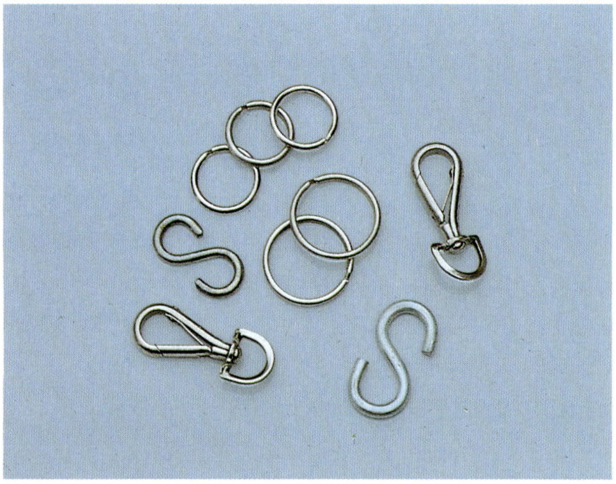

Eine kleine Auswahl an sogenannten „Schlüsselringen", „S-Haken" und „Karabinerhaken", die recht große Lasten tragen können.

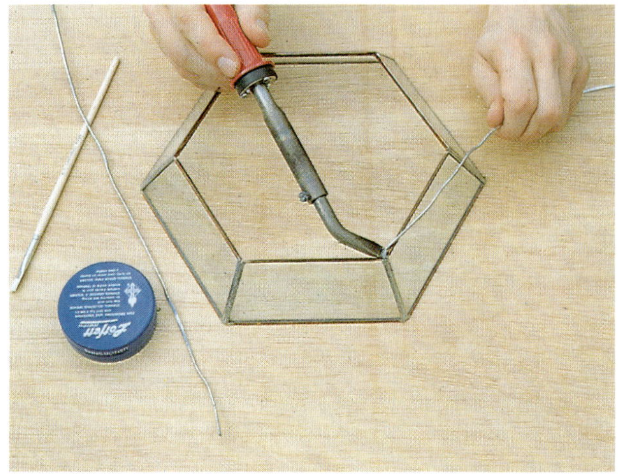

Die genau sechseckige Grundform ergibt sich beim Zusammenlöten der Glasteile von selbst.

Diesen hohen Anforderungen muß auch die Tragekette genügen. Nicht jede Kette, die stabil wirkt, ist es auch. Wählen Sie daher nur solche Ketten, bei denen die vom Hersteller angegebene Höchstbelastbarkeit weit über dem liegt, was diese Kette später tatsächlich tragen muß. Die sicherste Verbindung zwischen den Ösen der Blumenampel und der Kette erreichen Sie mit kleinen Karabinerhaken oder kleinen, s-förmig gebogenen Stahlhaken, die für solche Zwecke angeboten werden und je nach Ausführung recht große Lasten tragen können. Achten Sie auch hier auf die vom Hersteller angegebene Höchstbelastbarkeit.

Die exakt sechseckige Form der Blumenampel erreichen Sie am einfachsten, indem Sie zunächst jeweils sechs der größeren, angeschrägten Glasteile ringförmig miteinander punktverlöten. Sind die Teile exakt geschnitten und werden Sie auf einer völlig ebenen Unterlage genau aneinandergesetzt, ergibt sich die sechseckige Grundform von selbst. Sie können natürlich auch ein entsprechend großes Sechseck auf einem Stück Karton aufzeichnen und die Glasteile daran ausrichten.

Nach der Reinigung müssen Sie die unterliegenden Lötnähte noch von innen her mit etwas Silikonmasse aus dem Baufachhandel abdichten. Tragen Sie die Masse mit einem schmalen Spachtel, den Sie sich aus einem Kartonstreifen einfach herstellen können, gleichmäßig und dünn auf. Falls die Kunstmasse versehentlich andere Glasstücke verschmutzt, läßt man sie zunächst mehrere Stunden eintrocknen. Anschließend kann sie mit einer Rasierklinge recht leicht wieder vom Glas abgeschabt werden. Auf keinen Fall sollten Sie versuchen, das noch nicht erhärtete Silikon mit einem Tuch vom Glas abzuwischen. Anstatt das Glas zu reinigen, würde die Masse nur weiter verschmieren.

Nachdem Sie nun beim Bau von Objekten mit ausschließlich geraden oder nur leicht gerundeten Seiten eigentlich kaum mehr Probleme haben sollten, ist es an der Zeit, endlich auch enge Kurvenformen in die Glasverarbeitung mit einzubeziehen. In der Zwischenzeit haben Sie im Umgang mit dem Glas sicherlich schon etwas Übung bekommen. Diese Übung und das gleichzeitig erworbene Feingefühl ist für das Schneiden und Brechen stark geschwungener Linien sehr wichtig.

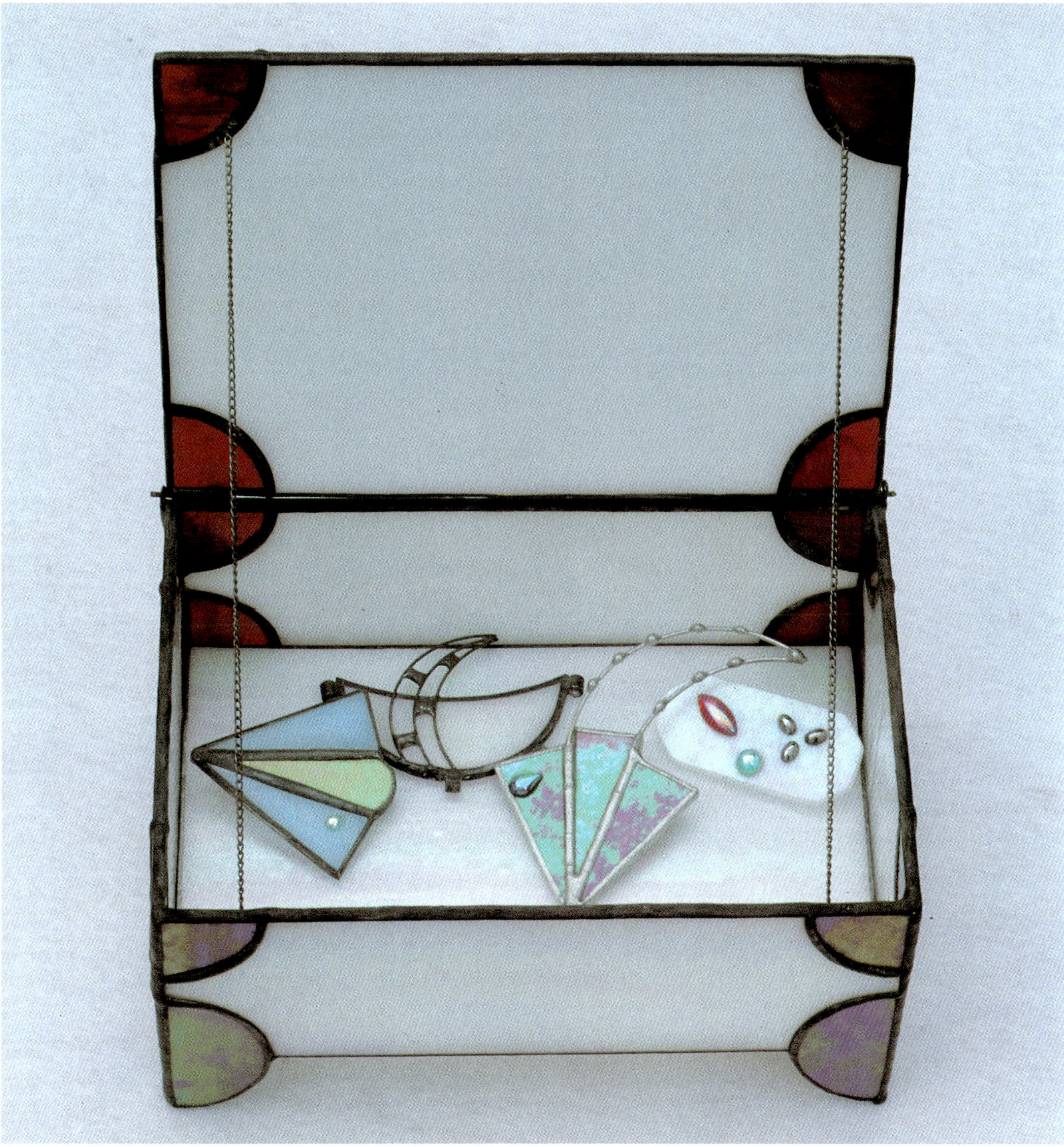

Modell IV: Schmuckschatulle

Arbeitsvorbereitung

Die Schmuckschatulle soll als erstes Beispiel einer Arbeit mit starken Rundungen dienen. Es werden benötigt:

- 2 Boden- und Deckelteile: 12 x 18 cm,
- 2 kurze Seitenteile: 6 x 12 cm,
- 2 lange Seitenteile: 6 x 18 cm,
- 28 Viertelkreise: Radius 2,5 cm.

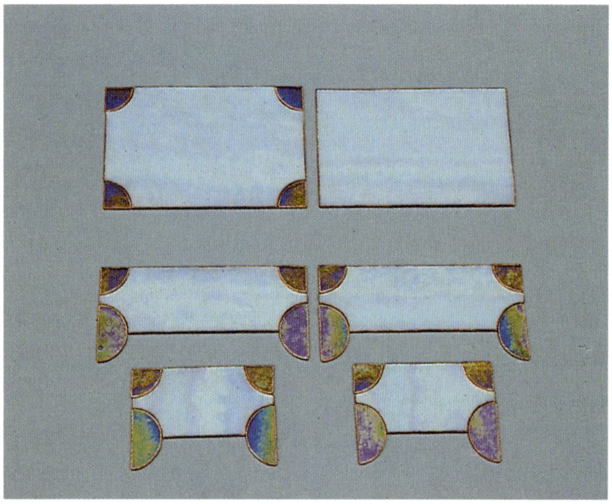

Die Teile für die Schmuckschatulle im Überblick.

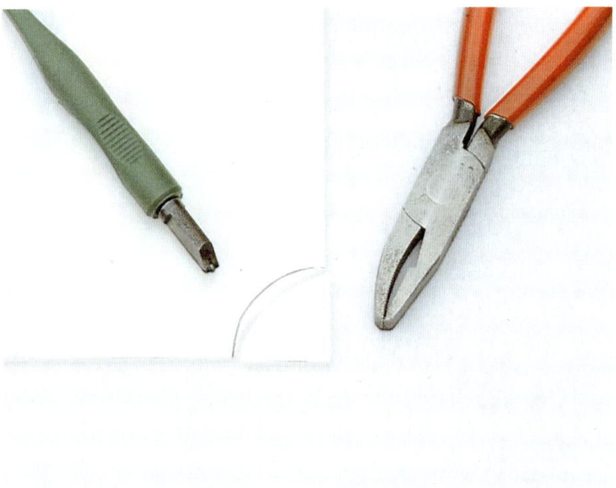

Schneiden Sie die Rundung so gut es geht und schleifen Sie dann entlang der gezeichneten Linie die genaue Form heraus.

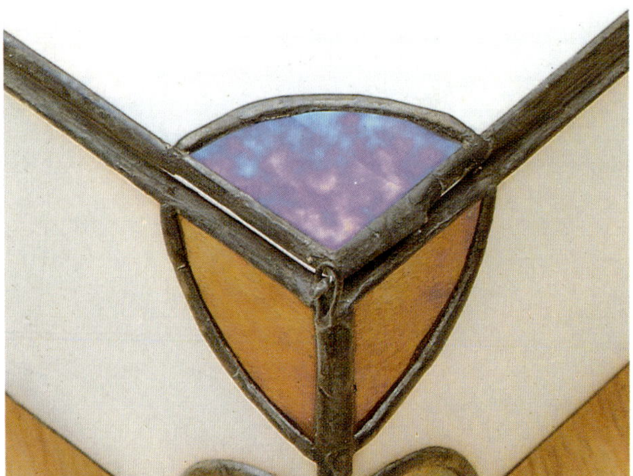

Der Deckel wird mit einem kurzen Drahtstück in einer Schlaufe am Seitenteil gelagert.

Für dieses Objekt müssen Sie sich lediglich zwei Schablonen herstellen. Die eine ist ein Viertelkreis, die andere ein ganzer Kreis, beide mit einem Radius von jeweils 2,5 cm.

Arbeitsablauf

Der Boden, der Deckel und die Seitenteile werden zunächst als Rechtecke auf der Glasplatte angezeichnet und ausgeschnitten. Dann wird die Viertelkreisschablone an jede Ecke dieser Teile (außer dem Bodenteil) gehalten und der Umriß übertragen. Die Rundungen werden mit einigen Hilfsschnitten so genau es geht aus dem Glas herausgearbeitet. Sollte Ihnen das Schneiden der Innenkurven zunächst schwer fallen, können Sie sich für den Anfang auch damit begnügen, zunächst eine Grobform aus dem Glas zu schneiden und mit der Schleifmaschine so viel Glas abzutragen, bis die exakte Form erreicht ist. Dies führt Sie mit Sicherheit zum gewünschten Ergebnis, ist aber natürlich wesentlich zeit- und arbeitsaufwendiger.

Die Viertelkreise stellen Sie am leichtesten folgendermaßen her. Übertragen Sie die Umrisse der Kreisschablone siebenmal auf das Glas und schneiden Sie die Glasstücke heraus. Diese erhalten dann an der Schleifmaschine die exakte Kreisform. Anschließend werden diese Stücke in jeweils vier gleichgroße Viertelkreise zerteilt. Die dabei entstehenden Bruchkanten werden noch einmal an der Schleifmaschine geglättet. Die Viertelkreise sollten nun genau in die Aussparungen im Deckel- und den Seitenteilen hineinpassen.

Damit auch hier wieder die Nähte nicht unnötig breit ausfallen, werden mit dem Folienschreiber wieder alle Kanten markiert, die schräg angeschliffen werden sollen. Vergessen Sie dabei nicht die 8 Viertelkreise, die als Schatullenfüße dienen werden. Nachdem die Teile in Kupferfolie eingefaßt sind, werden sie, auf der Vorderseite liegend, miteinander punktverlötet. Anschließend werden die Seitenteile mit dem Schatullenboden ebenfalls punktverlötet. Erst wenn alle Teile gut zusammenpassen, werden die Spalten zwischen den Glasteilen mit Zinn gefüllt und die Arbeit fertiggelötet.

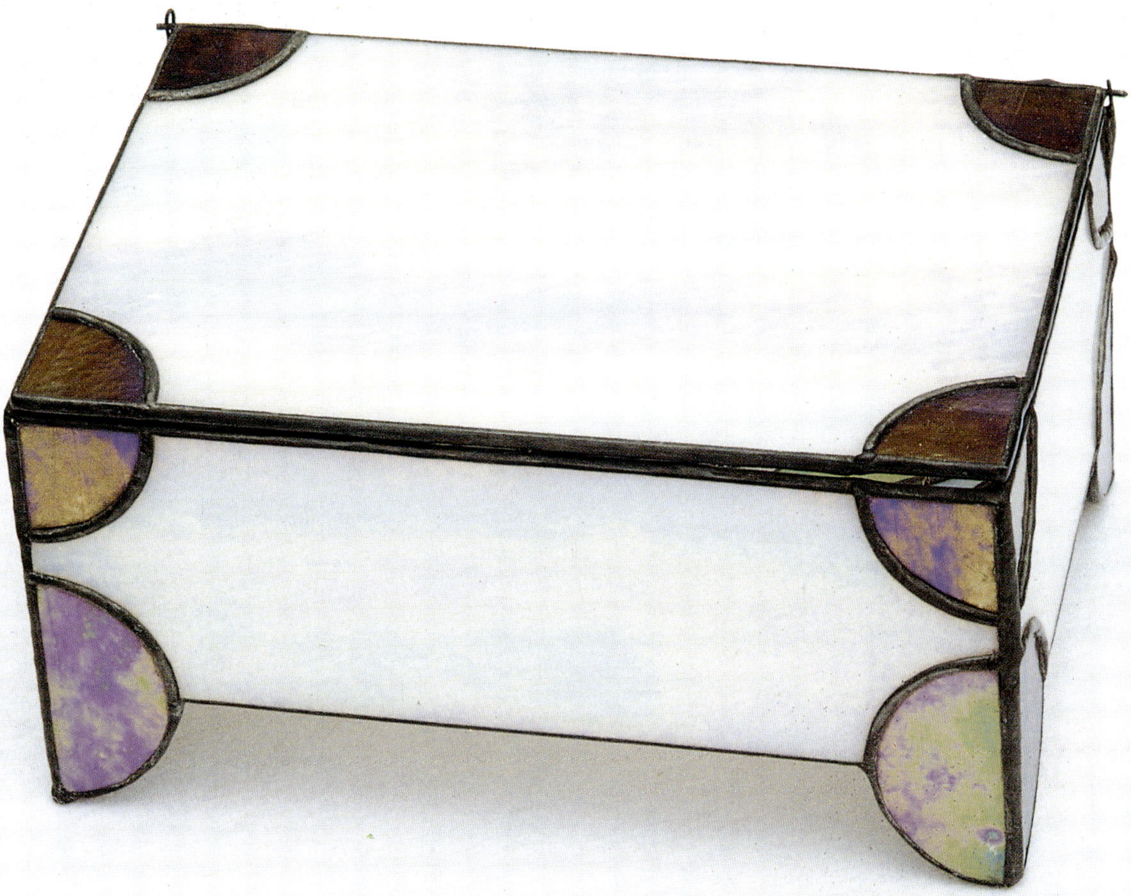

Das Scharnier für die Deckelplatte können Sie leicht selbst herstellen. Löten Sie rechts und links ein kurzes Drahtstück an den Deckel und schneiden Sie es mit dem Saitenschneider bis auf eine Länge von etwa 5 mm ab. Diese Draht-Enden werden in zwei kleinen Drahtschlaufen, die an den Seitenteilen der Schmuckschatulle befestigt sind, gelagert. Da diese kleinen Teile beim Löten natürlich sehr heiß werden, erleichtert auch hier der Gebrauch der Spitzzange die Arbeit sehr. Mit Hilfe eines kleinen Kettchens, das am Deckel und den Seitenteilen befestigt wird, kann verhindert werden, daß der Deckel beim Öffnen nach hinten herunterfällt.

Soweit Sie für dieses Motiv pastellfarbene Gläser verarbeitet haben, sollten Sie nicht darauf verzichten, die Lötnähte nach der Grundreinigung dunkel zu patinieren. Erst hierdurch entsteht ein interessanter Kontrast zwischen den dezenten Farbtönen.

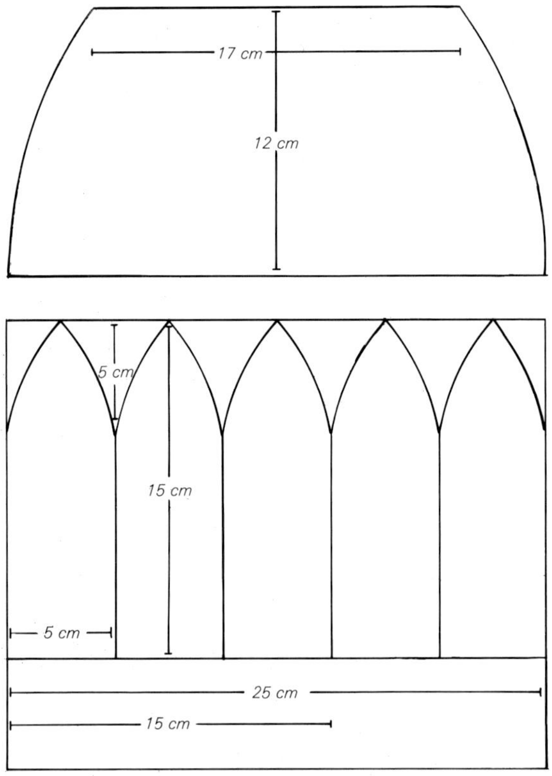

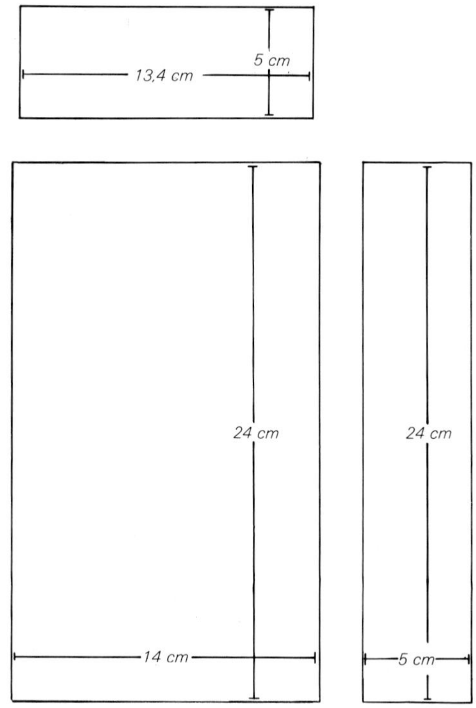

Für die beiden langen Seiten benötigen Sie jeweils fünf, für die kurzen Seiten jeweils 3 Bogensegmente.

Modell V: Gewächshaus

Arbeitsvorbereitung

Je mehr die geschwungenen Formen überwiegen, desto intensiver kommen Schönheit und Brillanz des Glases zur Geltung. Das hier abgebildete Gewächshaus kommt immer noch ohne extreme Kurvenschnitte aus und wirkt dabei dennoch sehr gefällig. Dies wird nicht zuletzt durch die Wiederholung der Grundform des Spitzbogens erreicht. Damit diese sehr dezente Form von den Glasfarben unterstrichen wird, sollten Sie in der Wahl des Farbtons zurückhaltend sein und berücksichtigen, daß er gut zum Grün der Pflanzen passen muß. Ein sogenannter Erdton, wie bei dem hier verwendeten Kathedralglas, wirkt neutral und unaufdringlich. Das für die Bodenteile verwandte undurchsichtige Opalescentglas muß mit dem Kathedralglas natürlich ebenfalls harmonieren.

Viele Zimmergewächshäuser sind zwar schön, für die Pflanzenpflege jedoch leider völlig ungeeignet, da sie den Pflanzen zu wenig Wurzelraum bieten. Um eine gute Pflege der Pflanzen zu ermöglichen, ist dieses Gewächshaus daher so konstruiert, daß innerhalb der abnehmbaren Seitenteile eine wasserdichte Pflanzwanne von 5 cm Höhe steht. Diese Pflanzentiefe ist für flachwurzelnde Pflanzen gerade noch ausreichend. Außerdem bietet die Pflanzwanne den Vorteil, daß die „Haube" darüber jederzeit abnehmbar ist. Sie können dann ungehindert die Pflanzen pflegen. Das Dach ist an den Seiten offen, so daß für eine ausreichende Luftzirkulation gesorgt ist und sich kein Kondenswasser an den Glasscheiben niederschlägt.

Die Seitenteile des Gewächshauses bestehen aus 12 bzw. 8 Einzelteilen. Für die Bodenwanne kommen noch einmal 5 Teile, für das Dach 3 Teile hinzu. Die genauen Maße der einzelnen Teile können Sie der Zeichnung entnehmen. Die gleichmäßigen Bögen in den Seiten- und Dachteilen können Sie leicht mit dem Zirkel konstruieren oder aber auch die Umrisse einer Untertasse oder eines anderen runden Gegenstandes auf die Pappe übertragen. Haben Sie alle Teile auf dem Karton aufgezeichnet, sollten Sie sie durch-

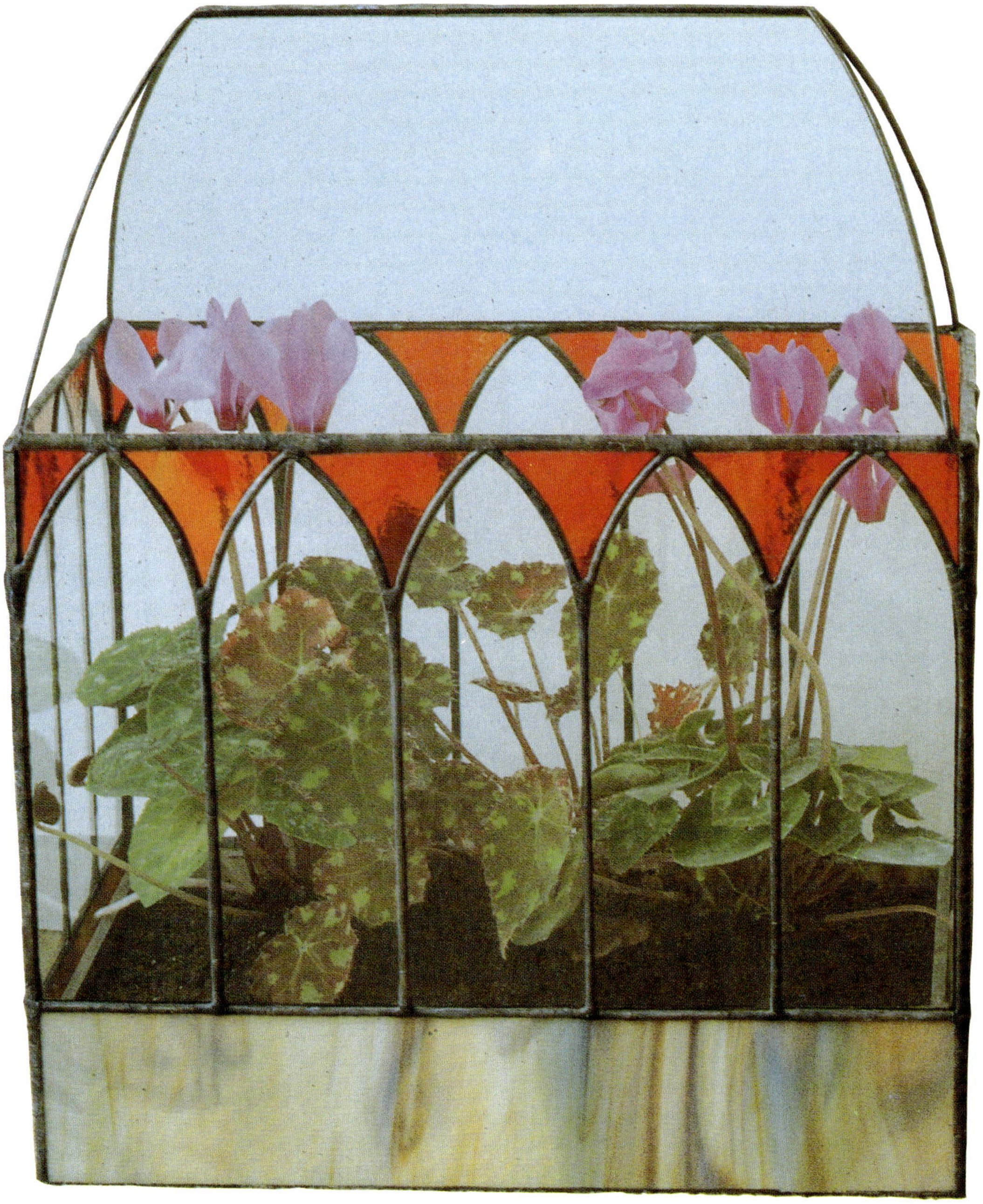

numerieren. Jedes Schablonenteil wird später minimal anders ausfallen, daher werden auch die danach gefertigten Glasteile nur in dieser Reihenfolge genau zueinanderpassen.

Bevor nun die Schablonenteile ausgeschnitten werden, wird das gesamte Motiv noch einmal durchgepaust oder auch fotokopiert. An dieser Kopie können Sie kontrollieren, ob die Form der geschliffenen Glasteile genau mit der Vorlage übereinstimmt. Da Sie später die nassen Glasteile während des Schleifvorganges immer wieder auf diese Kopie legen werden, sollten Sie dieses Blatt Papier von beiden Seiten gleichmäßig und dünn mit Sprühlack lackieren. So ist das Papier gegen Nässe geschützt und kann nach dem Glasschleifen als Vorlage für spätere Arbeiten aufbewahrt werden.

Arbeitsablauf

Beim Ausschneiden der Glasteile sollten Sie wieder daran denken, jeweils auf den Innenseiten der gezeichneten Linien zu schneiden, damit die Teile nicht zu groß werden. Erst wenn alle Einzelteile einer Seitenwand nebeneinander auf der kopierten Vorlage liegend, genau zueinanderpassen und Sie die seitlichen Begrenzungen nicht überragen, sollten Sie mit dem Schleifergebnis zufrieden sein. Damit die Zinnnähte des Gewächshauses nicht zu breit geraten, werden nun wieder die Kanten der Glasteile, die später im Winkel aneinandergesetzt werden, abgeschliffen. Vergessen Sie dabei nicht die Glasstücke für die Dachkonstruktion und die Bodenwanne.

Während des Einfassens der Glasteile in die Folie sollten Sie darauf achten, daß Sie mit Ihren Fingern die Numerierung der Glasteile nicht abreiben. Es ist anschließend kaum mehr möglich zu rekonstruieren, welches Teil an welcher Stelle gelegen hat. Legen Sie darum am besten alle Teile wie bei einem Puzzle zu den vier Seitenteilen zusammen. Wenn Sie nun eines der Teile herausnehmen, in Folie einfassen und direkt wieder zurücklegen, sind Verwechslungen ausgeschlossen. Verwenden Sie zum Einfassen eine auf der Innenseite geschwärzte Folie. Da die Lötnähte bei diesem Motiv am Ende geschwärzt werden sollen, würde eine kupferfarbene Innenseite störend durch das Kathedralglas hindurch zu erkennen sein .

Nachdem alle Teile eingefaßt sind, werden sie auf der Vorderseite liegend noch einmal auf der Vorlage ausgebreitet und überprüft, ob sie nicht über die Umrisse der Vorlage hinausragen. Liegen alle Stücke richtig, werden sie mit einigen Klebestreifen fixiert, etwas Lötfett aufgetragen und anschließend mit dem Lötkolben punktverlötet. Da die Glasstücke dabei auf der Vorderseite liegen, wird diese dadurch eben. So werden zunächst alle Seiten punkt- und anschließend feinverlötet, so daß Sie am Ende die vier Seitenstücke nebeneinander haben. Damit die Oberkante dieser Seitenteile exakt in einer Höhe liegt, werden auch die Seitenteile auf dem Kopf stehend miteinander verlötet.

Da es recht schwierig ist, gleichzeitig zwei Seitenteile im rechten Winkel zueinander zu halten und dabei auch noch den Lötkolben und das Zinn zu handhaben, sollten Sie sich hierbei assistieren lassen oder die Seitenteile wieder mit Klebestreifen fixieren. Indem Sie sie an den aufgesetzten Leisten der Arbeitsunterlage anlegen, können Sie leicht überprüfen, daß sie genau rechtwinklig aufeinandertreffen. Auch die Seitenteile werden zunächst nur punktverlötet. Erst wenn alle Seiten richtig miteinander verbunden und auch die Dachteile befestigt sind, werden die Teile in der bekannten Weise fertiggelötet, vorgereinigt, patiniert und noch einmal gereinigt.

Das Zusammenlöten der Teile für die Bodenwanne wird Ihnen jetzt sicherlich keine Probleme mehr bereiten. Anschließend werden die inneren Nähte der Pflanzwanne, wie Sie es bereits von der Blumenampel her kennen, mit einer dünnen Schicht Silikonmasse überzogen. Die Wanne ist nach dem Abbinden dieser Masse völlig wasserdicht, so daß Sie in diesem Gewächshaus Ihre Pflanzen auch auf Hydrokultur-Basis pflegen können.

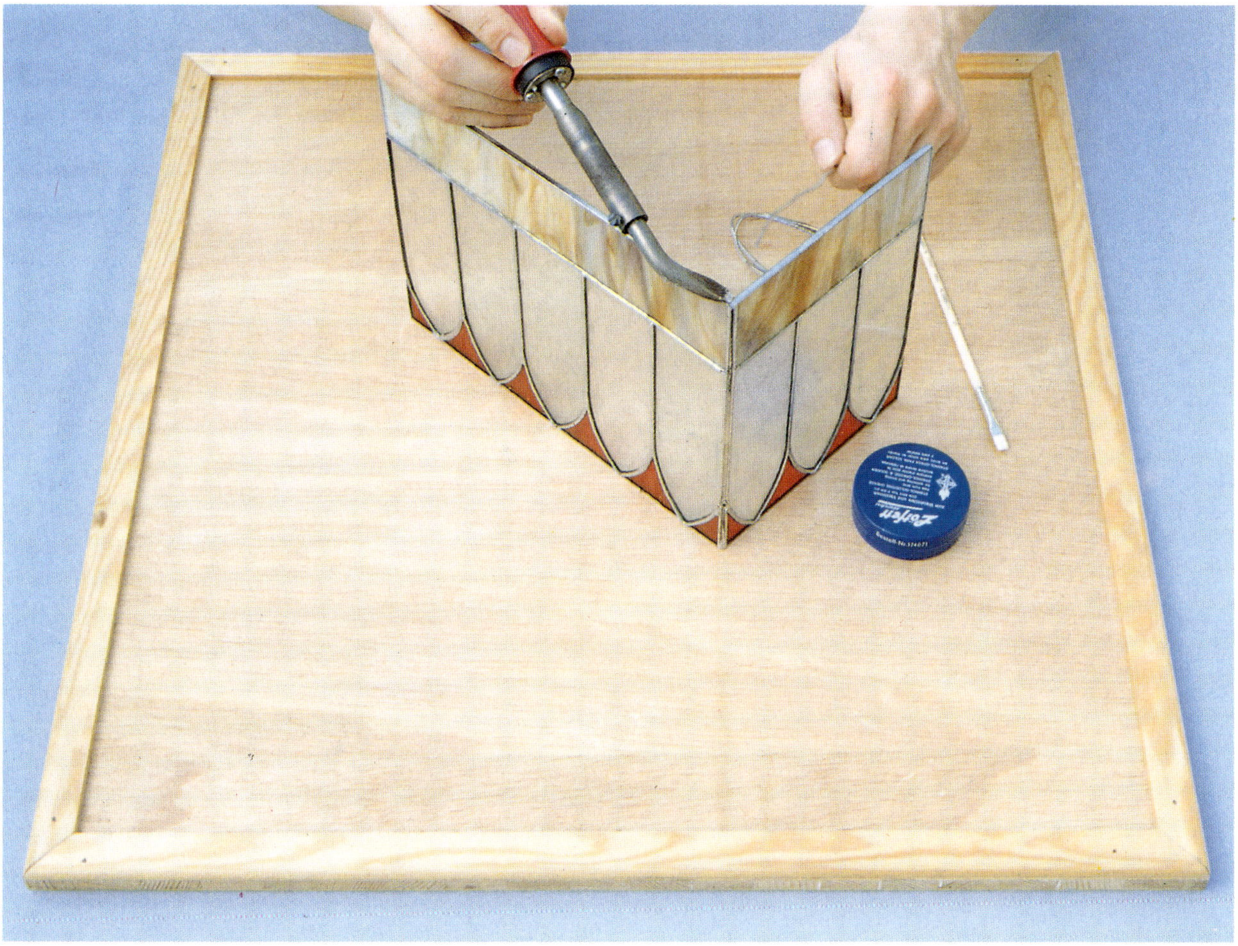

Die Seitenteile des Gewächshauses werden auf dem Kopf stehend miteinander verlötet.

Sie haben nun die wichtigsten Arbeitsschritte in der Tiffany-Technik kennengelernt und sollten in der Lage sein, Ihre eigenen Ideen in Glas umzusetzen. Die Abbildungen auf den folgenden Seiten sollen Ihnen einen kleinen Eindruck davon geben, wie vielfältig die Gestaltungsmöglichkeiten in dieser Technik sind. Lassen Sie sich von den Formen und Farben zu eigenen Motiven anregen und sind Sie dabei nicht zu selbstkritisch. Weit mehr als das perfekte Ergebnis sollte zu Anfang die Freude am Basteln stehen. Wenn Ihnen die Freude an Ihrem Hobby erhalten bleibt und Sie bereit sind, auch einmal einen Mißerfolg als Ergebnis eines Experimentes hinzunehmen, dann stellen sich die handwerklichen Erfolge bald von selbst ein.

Ob weihnachtlicher Christbaumschmuck, Glücksbringer oder auch lustiges Fensterbild für ein Kinderzimmer, der Fantasie sind bei der Gestaltung kleiner Fensterbilder keine Grenzen gesetzt. Alle Motive wurden aus kleinen Reststücken gearbeitet. Es sind sicherlich gern gesehene Mitbringsel für Freunde und Bekannte.

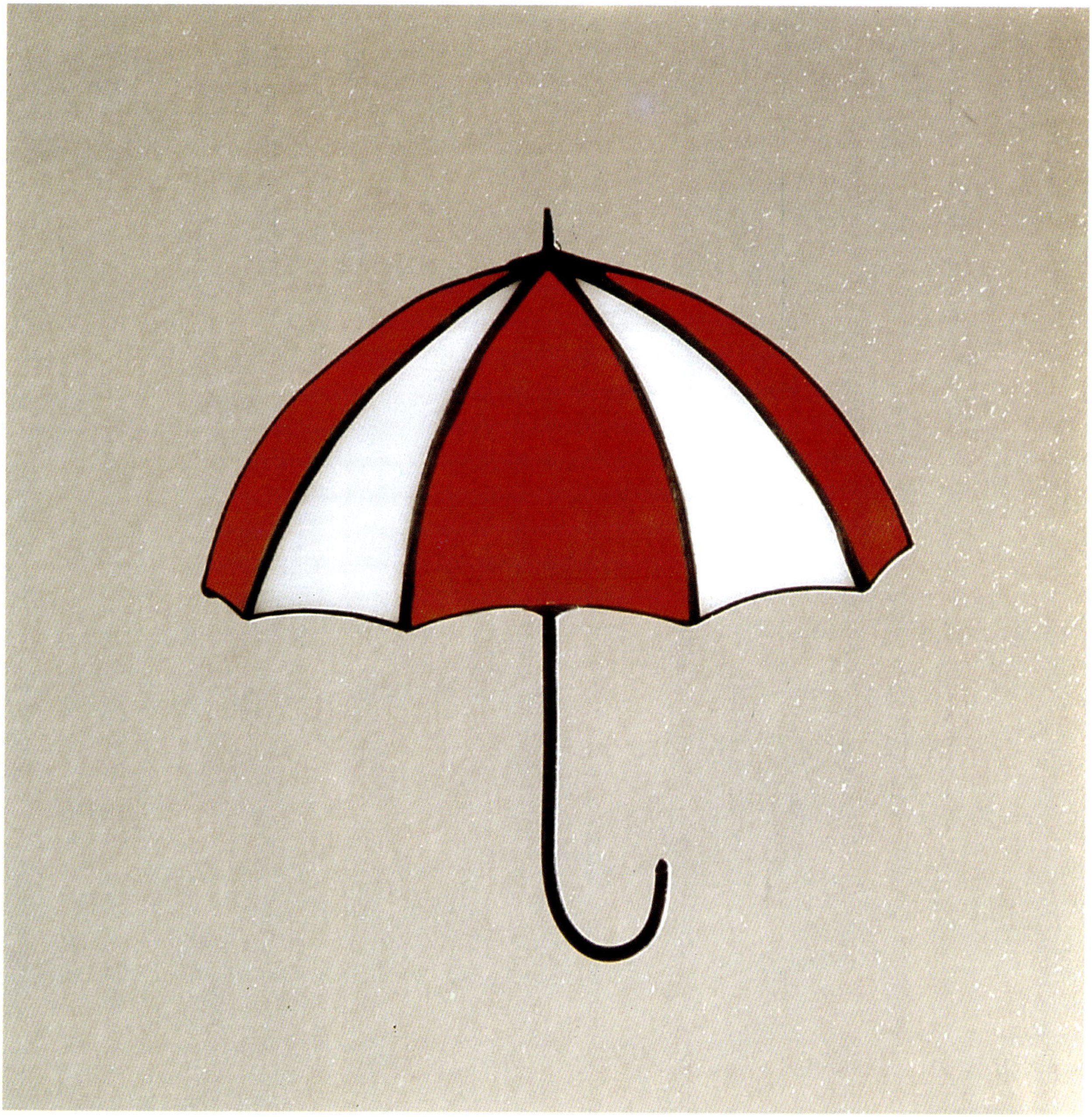

Anregungen für lustige und farbenfrohe Motive finden sich häufig auch in Alltagsgegenständen. Dieser Regenschirm ist aus einigen Stücken Restglas schnell hergestellt. Der Griff wurde aus einem dicken Kupferdraht gebogen und dann angelötet.

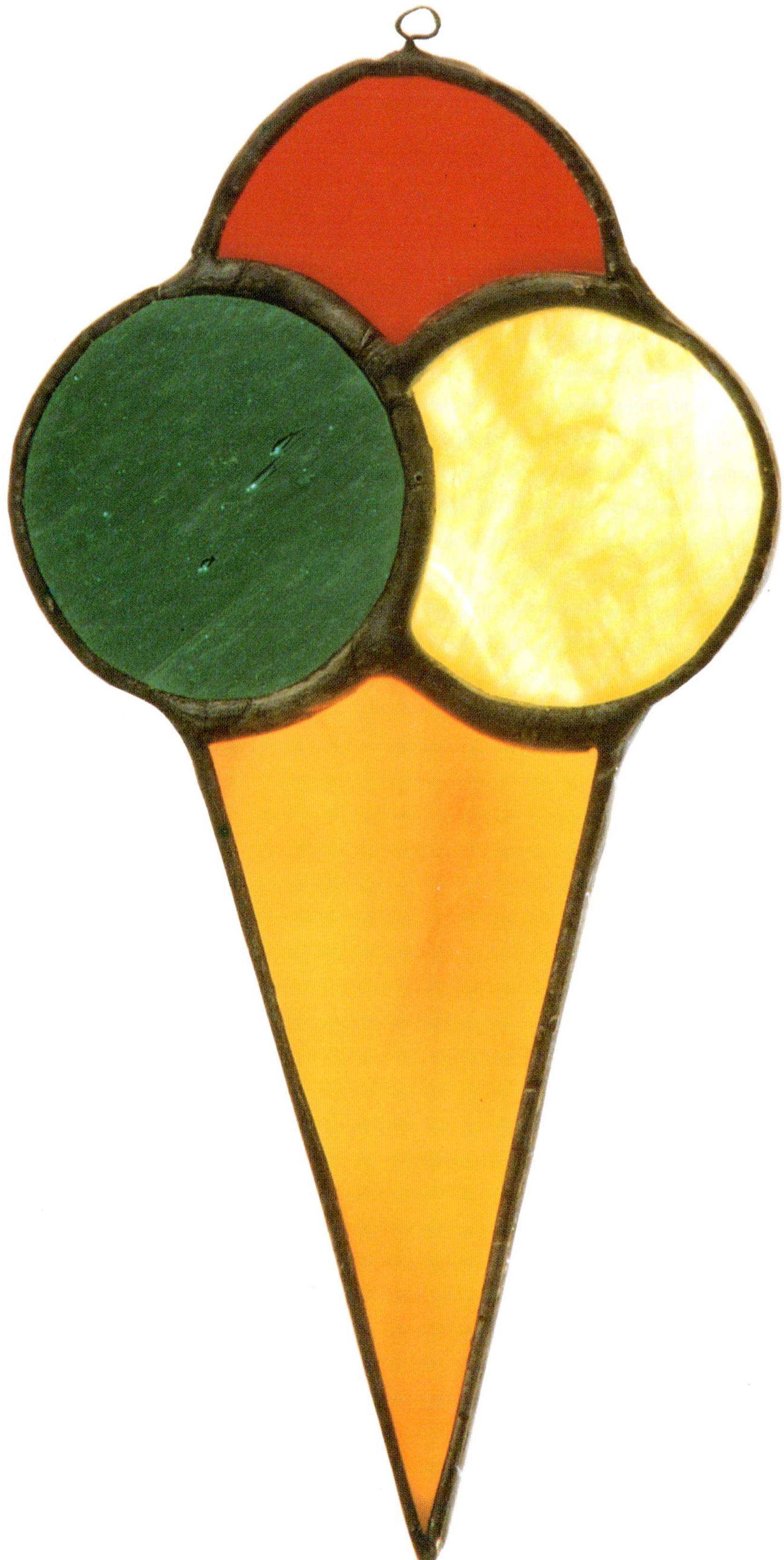

Diese Eistüte findet bestimmt in jedem Kinderzimmer einen Ehrenplatz.

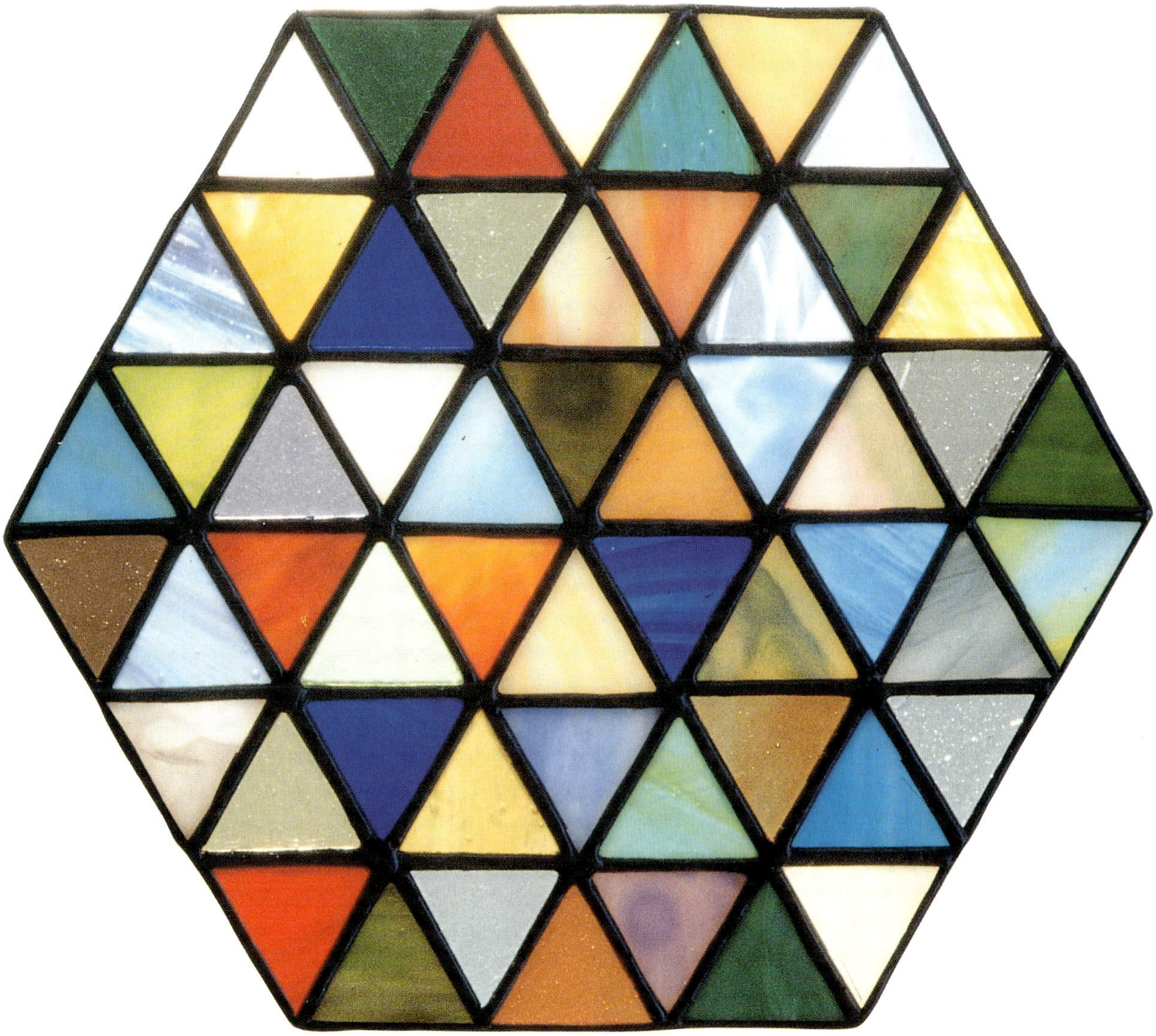

Obwohl die Vielfalt der Farben und Strukturen fasziniert, erfüllt dieses Fensterbild noch einen besonderen Zweck. Betrachtet man es, läßt sich deutlich erkennen, welche Farbtöne miteinander harmonieren und welche einen zu harten Kontrast darstellen. Eine solche „Farbtafel“ kann bei der Zusammenstellung der Gläser für ein Motiv sehr hilfreich sein.

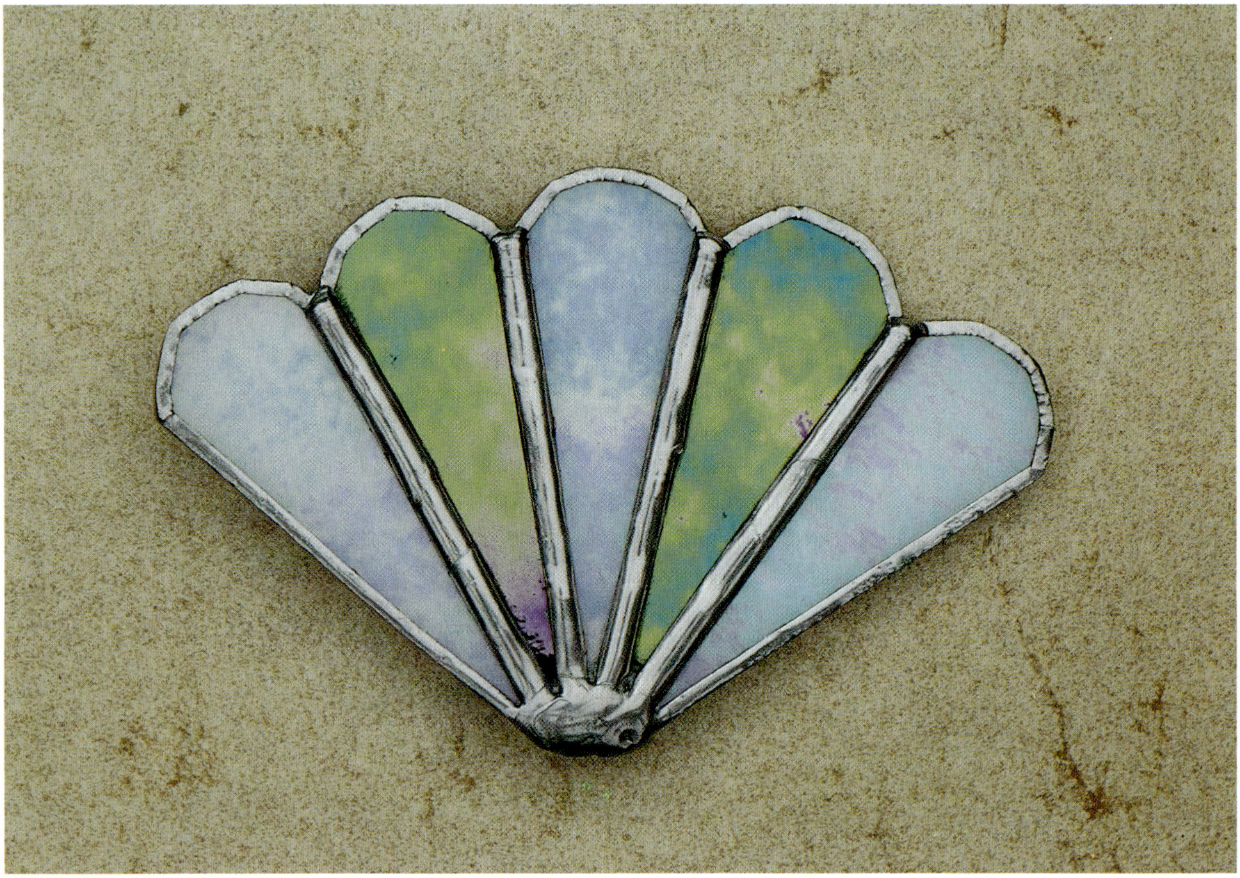

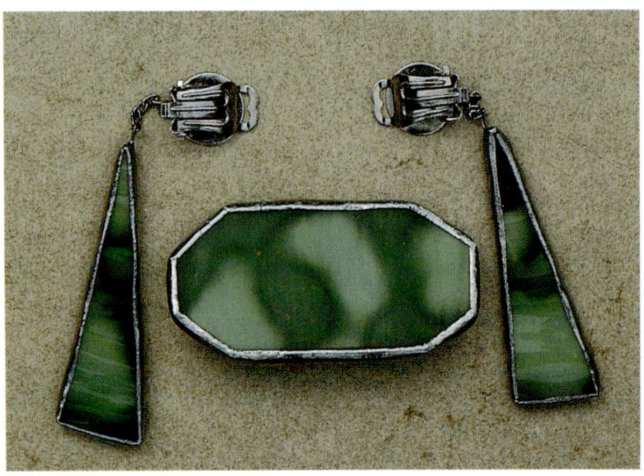

Manchmal lohnt es sich, aus einem größeren Glasstück die schönsten Bereiche für die Schmuckherstellung herauszuschneiden: Brosche und Ohrschmuck sind bewußt sehr schlicht gehalten, damit die interessante Farbstruktur des Glases in den Vordergrund treten kann. Die Broschennadel kann entweder mit einem Zweikomponentenkleber befestigt oder aber auch angelötet werden.

Wenn Sie eine Brosche aus mehreren Glasstücken herstellen, sollten Sie folgendes bedenken: Das Auge fixiert automatisch bei jedem Objekt einen Mittelpunkt. Das, was das Auge in diesem Mittelpunkt sieht, entscheidet dann weitgehend über den optischen Gesamteindruck des Motives. Sie sollten daher immer eine ungerade Anzahl von Glasstücken zusammensetzen, damit der Mittelpunkt einer Brosche eine Glasoberfläche und nicht etwa eine Lötnaht ist.

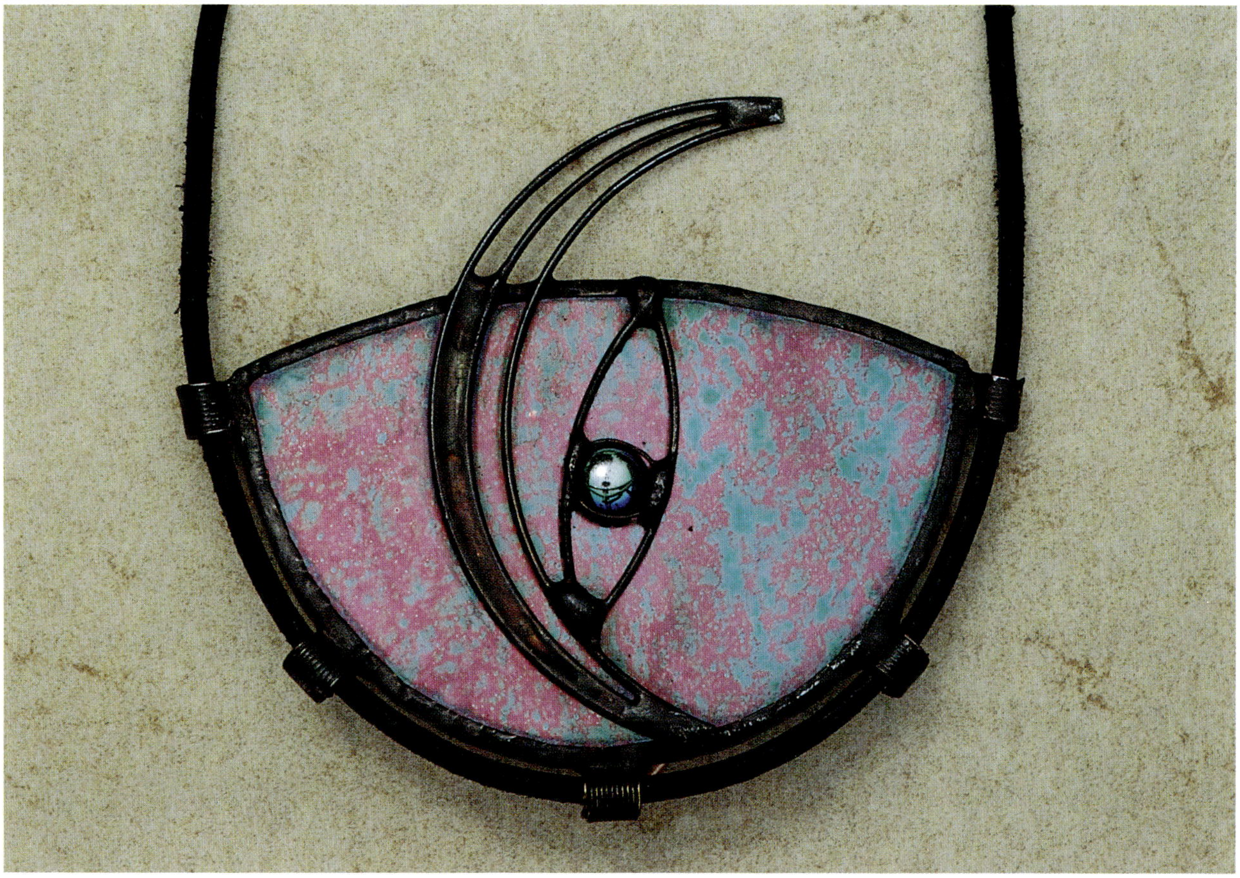

Die Möglichkeiten der Schmuckgestaltung aus Glas sind wirklich grenzenlos. Einige Stücke Kupferdraht, eine Glasperle in selbstgefertigter Fassung, und schon wird aus einem schlichten Stück Glas ein echtes „Schmuckstück". Besonders edel wirken hierbei irisierende Gläser. Werden auf der Rückseite Broschennadeln oder Ohrclipse befestigt, dann sollten die verarbeiteten Gläser nahezu unduchsichtig sein.

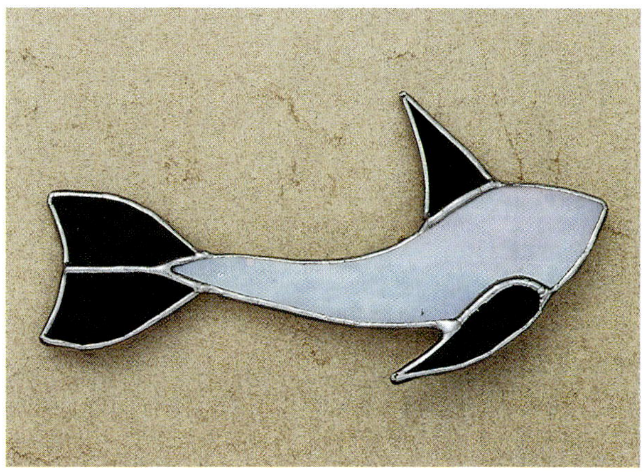

Schneiden Sie die Flossen für diese Brosche in Form eines Fisches so genau wie möglich aus der Glasplatte. Es wäre sehr arbeitsaufwendig, an den kleinen und darum etwas umständlich zu handhabenden Teilen größere Ungenauigkeiten abschleifen zu wollen.

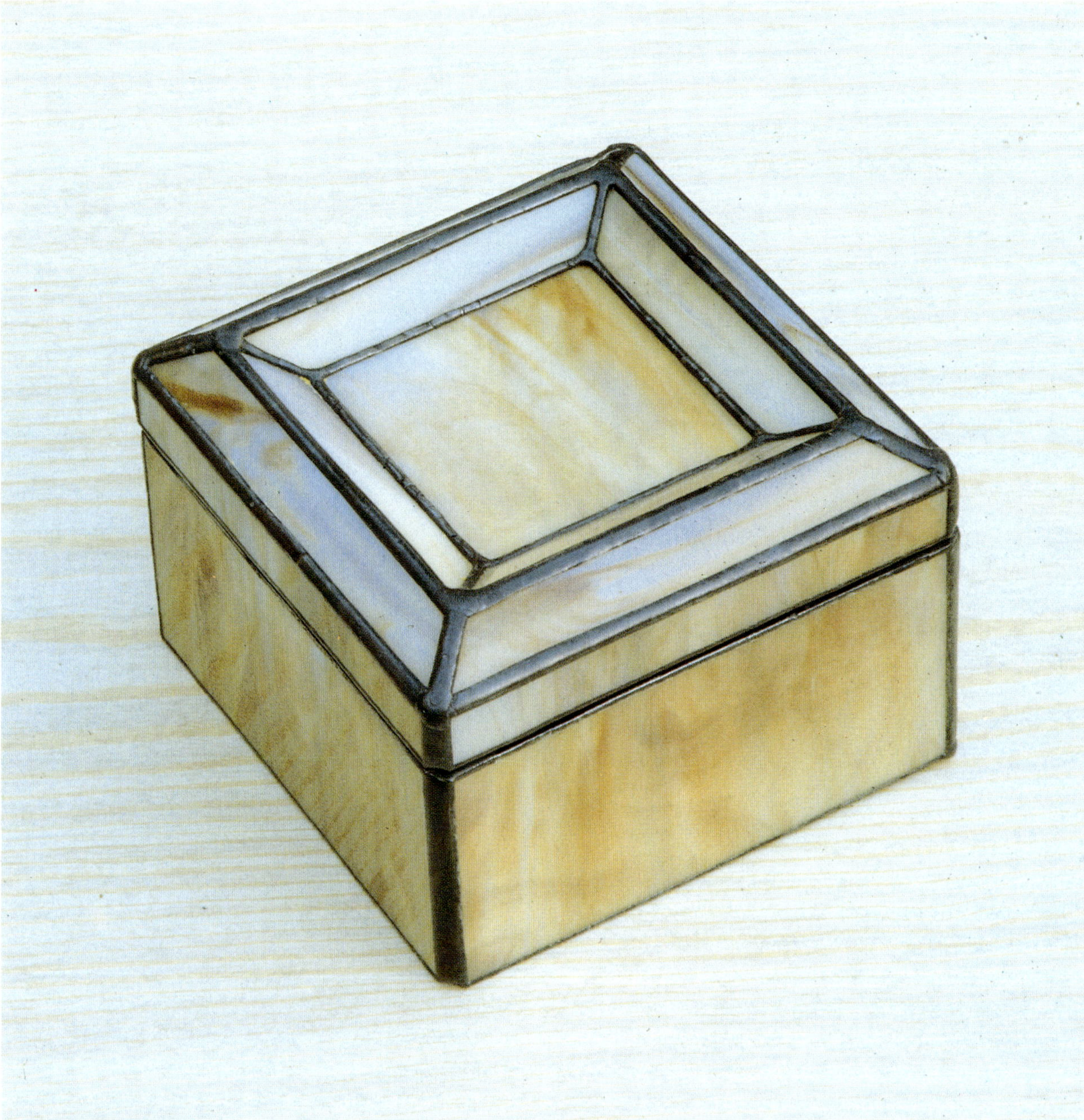

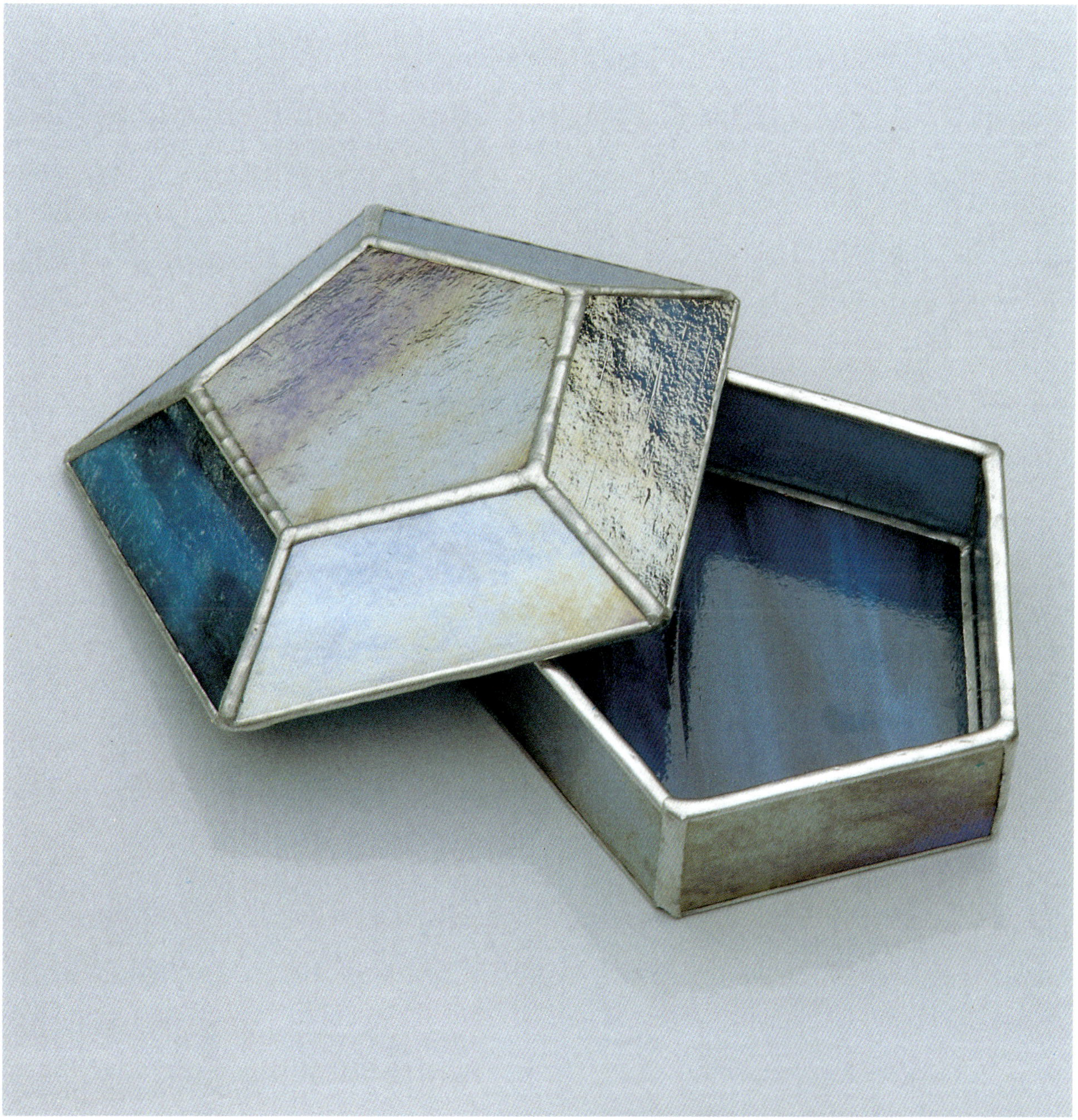

Die Konstruktion der fünfeckigen Grundform ist denkbar einfach: Mit dem Zirkel wird ein Kreis gezogen und mit dem Geometriedreieck vom Kreismittelpunkt aus fünfmal der Winkel von 72 Grad auf der Kreislinie markiert. (5 x 72 Grad = 360 Grad = 1 Vollkreis). Dann werden die auf der Kreislinie markierten Punkte miteinander verbunden. So erhalten Sie ein exaktes Fünfeck. Der Deckel der Dose ist ein wenig breiter als die Seitenwände. So liegt er auch ohne weitere Befestigung immer sicher auf.

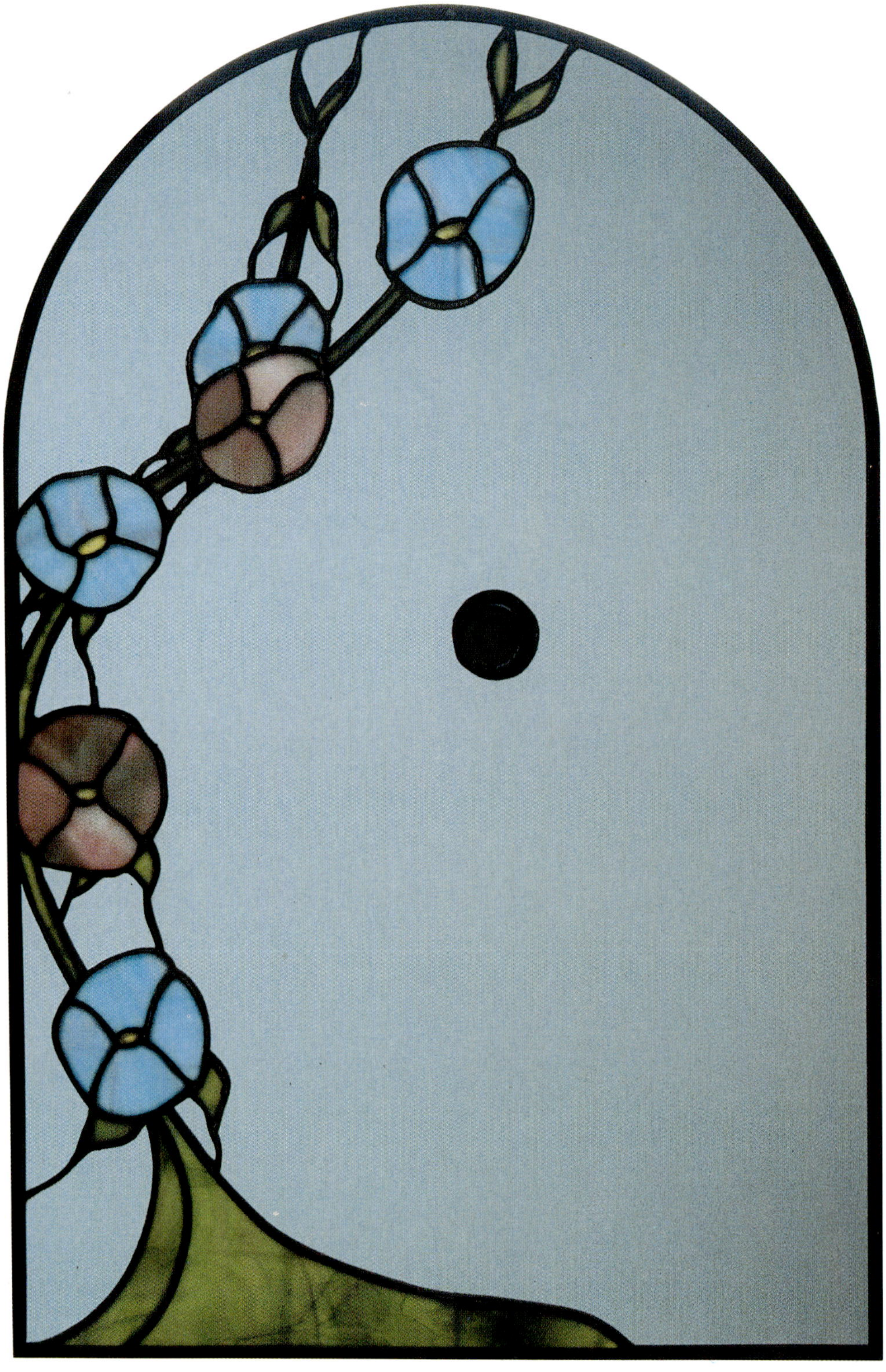

Die verspielte Linienführung der Blumenranken und die oben abgerundere Form des Spiegels lassen das Motiv lebendig wirken. Die Blütenornamente wurden aufwendig in den Spiegel eingearbeitet. Wesentlich einfacher geht es allerdings, wenn Sie den Spiegel in einem Stück lassen und die Blüten und Blätter obenauf anlöten.

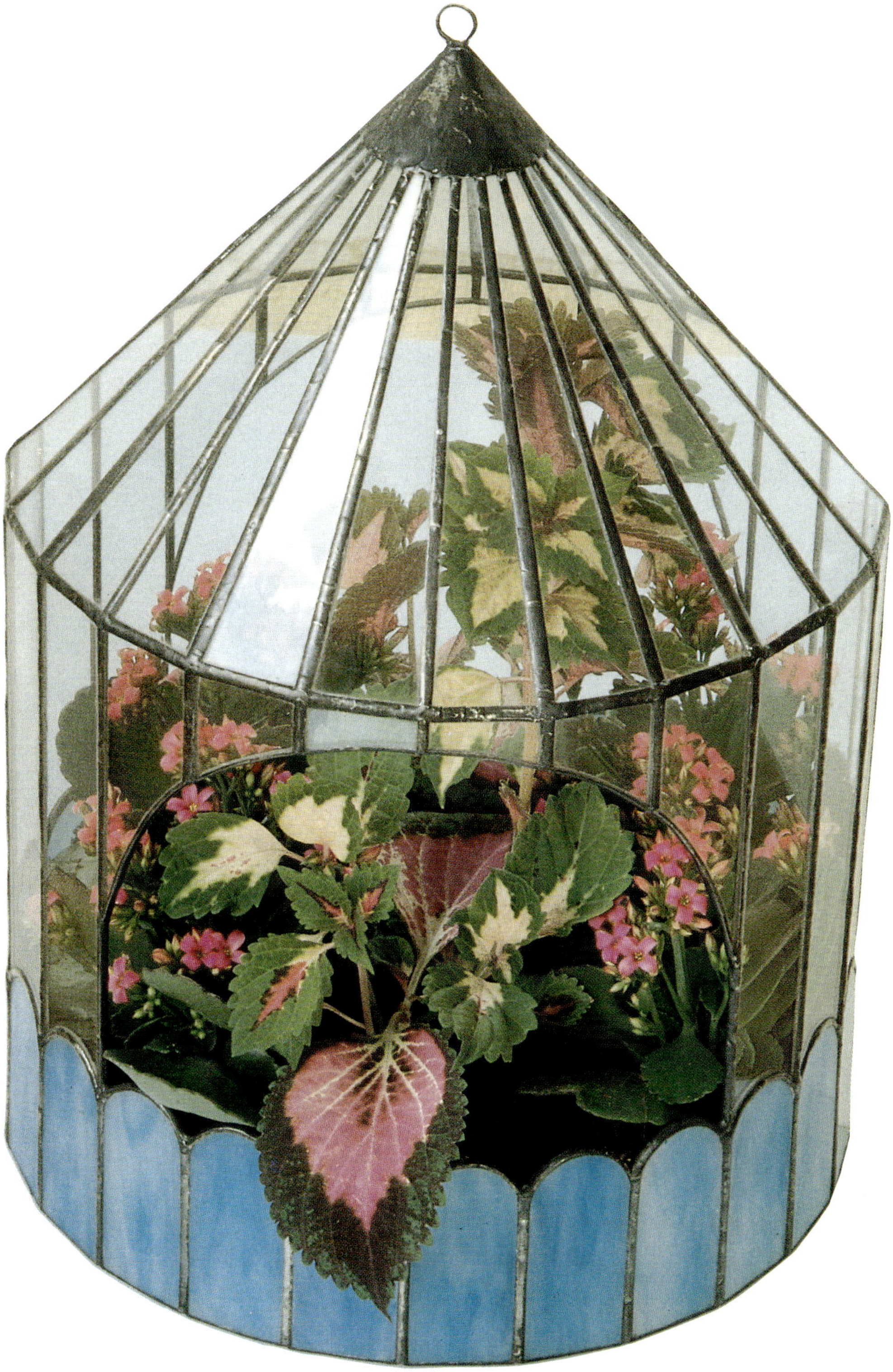

Dieses Gewächshäuschen nimmt besonders wenig Platz ein. Es besitzt eine halbkreisförmige Grundfläche, erweckt durch den auf der Rückseite eingesetzten Spiegel aber den Eindruck, wesentlich größer zu sein. Die Halteöse an der Spitze ermöglicht es, das Gewächshaus an einer Wand zu befestigen. Damit sie das Gewicht des Gewächshauses sicher tragen kann, wurden auf der Rückseite mehrere Kupferdrähte angelötet und mit der Öse verbunden.

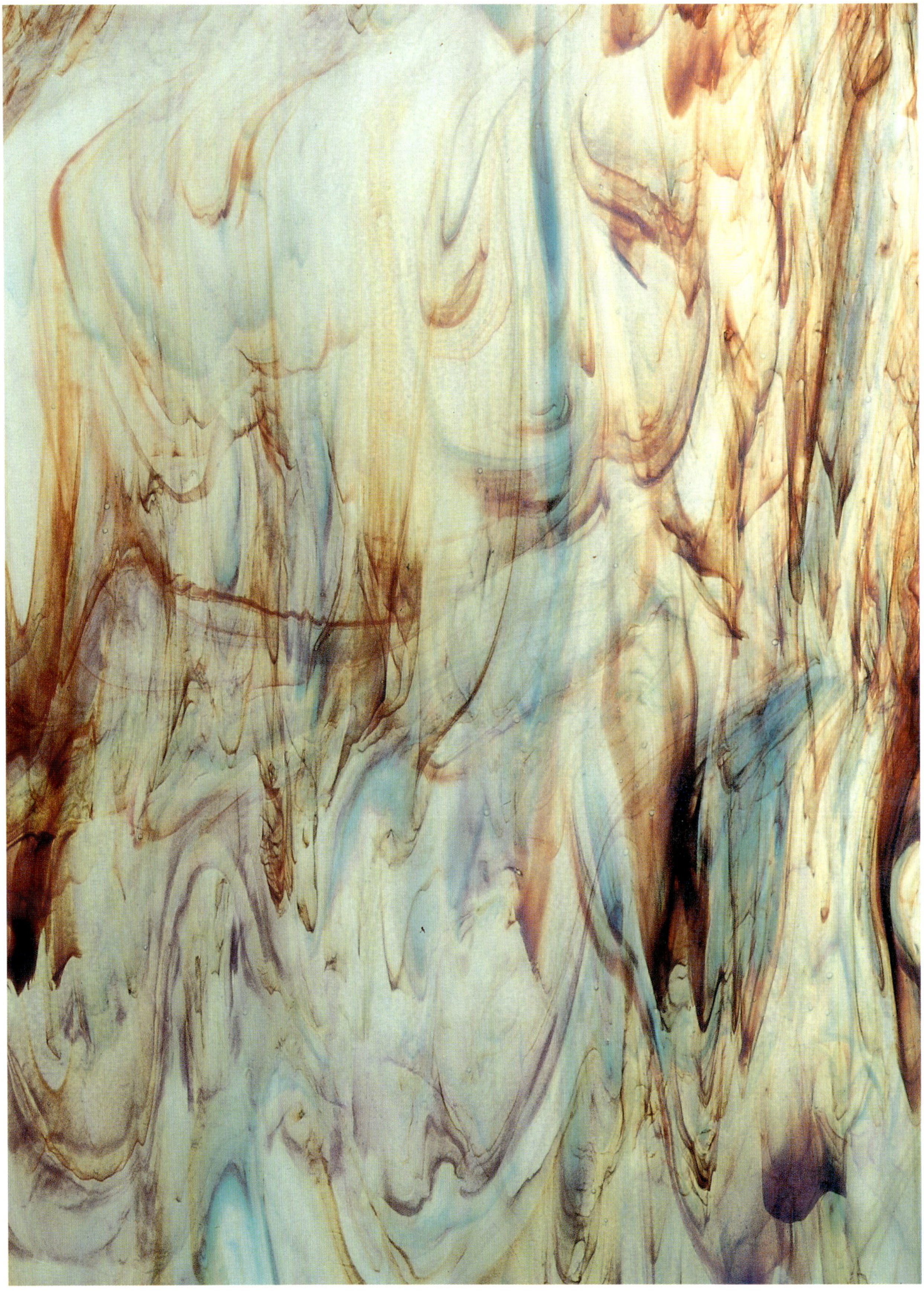